南周评论写作课

怎样表达一个观点

南方周末 编著

人民日报出版社
北京

图书在版编目（CIP）数据

南周评论写作课：怎样表达一个观点 / 南方周末编著. — 北京：人民日报出版社，2022.1
ISBN 978-7-5115-7025-3

Ⅰ.①南… Ⅱ.①南… Ⅲ.①评论性新闻－新闻写作 Ⅳ.①G212.2

中国版本图书馆CIP数据核字（2021）第084690号

书　　名：南周评论写作课：怎样表达一个观点
　　　　　NANZHOU PINGLUN XIEZUOKE
　　　　　ZENYANG BIAODA YIGE GUANDIAN
编　　著：南方周末

出 版 人：刘华新
责任编辑：梁雪云
版式设计：九章文化

出版发行：人民日报出版社
社　　址：北京金台西路2号
邮政编码：100733
发行热线：（010）65369509　65369527　65369846　65369512
邮购热线：（010）65369530　65363527
编辑热线：（010）65369526
网　　址：www.peopledailypress.com
经　　销：新华书店
印　　刷：北京中科印刷有限公司
法律顾问：北京科宇律师事务所　010-83622312

开　　本：850mm×1168mm　1/32
字　　数：215千字
印　　张：11.25
版次印次：2022年1月第1版　2024年12月第7次印刷

书　　号：ISBN 978-7-5115-7025-3
定　　价：69.00元

《南周评论写作课》
编辑委员会

— 出品 —

王巍

— 主编 —

肖华

— 监制 —

孟登科

— 执行主编 —

谢晓

— 编辑 —

胡康平

李海华

《南方都市报》评论部主任

南都新闻奖金奖获得者

主题：怎样捕捉一个好选题

沈彬

澎湃新闻首席评论员

复旦大学新闻学院业界导师

主题：怎样庖丁解牛，用核心论据说服他人

佘宗明

《新京报》评论部原副主编

《新京报》年度评论写作金奖获得者

主题：怎样练成别人杠不赢的强逻辑

陈斌

《南方周末》评论部副主任

主题：把握结构美感，让你的观点深入人心

徐迅雷

《杭州日报》首席评论员

第 18 届中国新闻奖获得者

主题：如何做到"言之有文"，让人眼前一亮

叶檀

知名财经评论家、作家

"叶檀财经"创始人

主题：如何构建评论员的专业视角

秦朔

《南风窗》原总编辑

原《第一财经日报》创刊总编辑

主题：如何成为一名合格的评论员

手绘：张思考

南周评论写作课

目录

推荐序一
于繁复的世象中寻找本真，于困惑的思考中不断追问 | 米博华 | I

推荐序二
"重要的是从适当的方面迅速抓住问题" | 陈力丹 Ⅶ

第一讲　怎样捕捉一个好选题 | 李海华

第一节　捕捉选题的准备 | 002
一、评论写作会遇到的问题 | 002
二、怎样找到选题并写出独家评论 | 003

第二节　如何找到好选题 | 015
一、好选题的三个特征 | 015
二、找到好选题的三个方法 | 022
三、有利于捕捉到好选题的三件事 | 026

第三节　写出独家评论的技巧 | 029
　一、什么样的评论才算是独家评论 | 029
　二、怎样写出独家评论 | 033
　三、怎样向评论大家学习 | 038

第四节　算法时代找选题的攻略 | 042
　一、算法对评论选题的影响 | 043
　二、怎样排除算法对选题的干扰 | 047
　三、怎样利用算法加持选题 | 051

第二讲　怎样庖丁解牛，用核心论据说服他人 | 沈彬

第一节　用"高势能"论据冲击成见，构建知识壁垒 | 058
　一、如何构建知识壁垒 | 058
　二、如何构建知识网 | 062

第二节　如何巧用论据，挖掘陌生领域的独特观点 | 070
　一、查论文 | 071
　二、运用在线百科全书 | 073
　三、找历史参照物 | 075
　四、向专家求助 | 077
　五、检索老新闻 | 079

第三节　找论据的五个标准化流程，让你的评论更严谨 | 082

一、查真假 | 082

二、读原文 | 084

三、找空子 | 087

四、讲故事 | 091

五、严拷贝 | 092

第四节　用好论据的三种进攻路线和三套战术动作 | 095

一、用好论据的三种进攻路线 | 095

二、用好论据的三套战术动作 | 106

第五节　锤炼论据表达的三种技巧，让你的评论成为"爽文" | 109

一、集中表达浓缩的论据 | 110

二、表达和论据高度结合 | 117

三、反刍专业新闻 | 119

第三讲　怎样练成别人杠不赢的强逻辑 | 佘宗明

第一节　为什么说逻辑是评论的骨架 | 126

一、评论最关键的是讲逻辑 | 127

二、如何通过逻辑给评论添色 | 130

第二节　什么样的逻辑才算是好的逻辑 | 137

一、要有理性思维——不能轻易成了"键盘侠" | 140

003

二、要有知识增量——不要贩卖大路货 | 142
三、要有人文底色——别怕被骂"玻璃心" | 146

第三节　好逻辑该怎么练成 | 149
一、理性+：用广域阅读支撑三观 | 150
二、知识+：用专业视角加持表达 | 154
三、人文+：用同理心锚定立场 | 158

第四节　如何在评论中更好地体现逻辑感 | 161
一、逻辑推理三板斧：痛点切入—问题导向—链式延展 | 161
二、逻辑判断次序：先分真假—再辨是非—后论好坏 | 167
三、逻辑演绎四字诀："论—证—类—序" | 170

第五节　评论写作应注意的逻辑误区 | 173
一、以偏概全与区群谬误 | 173
二、假性因果与滑坡谬误 | 176
三、以喻代证与概念偷换 | 180

第四讲　把握结构美感，让你的观点深入人心 | 陈斌

第一节　要找到强解释力的评论结构，需做好哪些准备 | 186
一、建立最低限度的知识储备 | 190
二、心理上与行为上的准备：诚实与好奇心 | 193

第二节　善用结构化思维，掌握评论结构的"存真去伪"
之道 | 198
一、五种有效的结构化思维工具 | 198
二、破除思维误区的两种结构化思维工具 | 209

第三节　巧用推理工具打造结构，让你的观点更能以理服人 | 214
一、从多个信源获得可靠的信息 | 215
二、通过科学的推理工具，找出信源背后隐藏的评论观点 | 218

第四节　妙用文本结构，让读者对你的评论"上瘾" | 226
一、写长篇评论应把文章模块化 | 226
二、干货的呈现方式 | 233

第五讲　如何做到"言之有文"，让人眼前一亮 | 徐迅雷

第一节　好的语言有哪些特点 | 240
一、好的评论语言有哪些特点 | 241
二、好的评论语言的基本特征 | 247

第二节　怎样学习和锤炼评论语言 | 253
一、如何避免常见的评论表达误区 | 253
二、锤炼语言的路径 | 257

第三节　如何优化评论的语言表达 | 261
一、怎样写出准确又深刻的评论语言 | 261
二、怎样引用和引申他人的精彩表达 | 266
三、如何运用修辞手法让人眼前一亮 | 270

第四节　如何写出有共鸣感的文章 | 275
一、如何写出有共鸣感的文章 | 275
二、如何用共情感动读者 | 280
三、评论语言如何表达家国情怀 | 283

如何构建评论员的专业视角 | 叶檀
一、能上能下 | 288
二、能进能退 | 295
三、能动能静 | 298

如何成为一名合格的评论员 | 秦朔
一、读得懂 | 304
二、写得好 | 316
三、立得住 | 326

推荐序一

于繁复的世象中寻找本真，于困惑的思考中不断追问

米博华

复旦大学新闻学院院长 | 人民日报社原副总编辑

饶有兴味拜读《南周评论写作课》七位评论员创作体会。我与这七位同行都是以新闻评论为职业的，也读过不少他们的作品，还熟悉其中几位大名，如徐迅雷、沈彬、秦朔、叶檀等；但我们从未谋面。也许是因为"同道"之故，同声相应、同气相求，往往不需要过多揣摩，他们的甘苦，我都懂。

坦率地说，几位评论员的创作体会，有的已溢出我的认知范围。边读边想，像是又打开了一扇窗，别有洞天、眼前一亮：原来评论可以有这样的奇思妙构。

出版社林薇主任嘱我为本书导读，我没有犹豫。因为同行间观摩、切磋、交流，是一种难得的学习。

之所以有"认知范围"局限，是因为即使是同行，可能也有人们所说的"圈子"。鲁迅先生曾讨论过"京派"和"海

派"问题,云:"北京是明清的帝都,上海乃各国之租界。帝都多官,租界多商,所以文人之在京者近官,没海者近商。"

这当然是民国时期文人间的往事,而今岂止"京海",即使是"北上广深"都算上,似乎已经没有什么明显的地域差异。往来的便利,交流的频密和市场的互通,更多地表现为"一统中国"。

另一方面,"一统中国"又呈现出多元多向发展的丰富性。当下的媒体格局,与几十年前那种单一品种、单一风格、单一传播的模式,已经有很大不同:主流媒体、技术平台和自媒体并行发展;官方声音、民间声音和外来声音多向发声;中央媒体、地方党媒、行业媒体、都市类媒体各司其职;经济、政治、文化、道德问题相互交织,不同利益主体和各种不同利益诉求都要表达……用一个不贴切的比喻,就像是同唱一曲"民族复兴中国梦",有美声唱法、民族唱法、流行唱法和其他唱法,有高音声部、低中音声部等多个声部,还有音准、速度、音量的协调磨合。只要不是杂音噪音、不和谐音,这样的舆论生态应该是一个健康社会的常态。

我出版了一本《新闻评论实战教程》。看网上书评,有这样的说法:"这本实战教程的理念,是正统的'人民系'。"我从未把自己所写的评论归为一系;但显而易见,我的评论工作的任务是传达党和政府的声音,主攻党报社论、评论员文章,因此一定会带有职业特点。

同时,我也注意到,最近一些年来,报刊类媒体为适应读者需求，大多开辟了以时评为主的评论专版，开辟了以个人署名的专栏，门户网站、自媒体公众号也有大量评论佳作涌现，形式多样，不拘一格，有的写得相当好，不禁惊叹："高手在民间。"

看本书作者简历，得知几位同行大多在机构媒体工作，或曾经在机构媒体工作过。李海华之"捕捉选题"、沈彬之"庖丁解牛"、佘宗明之"强逻辑论"、陈斌之"把握结构"、徐迅雷之"言之有文"、叶檀之"专业视角"、秦朔之"评论素养"都是我们这个行当的秘籍。同时，也能看出该书评论课具有都市类媒体的风格。虽然从业务角度讲，我们的体会未必完全吻合；从评论观点来说，也未必完全相同；但我仍然看到许多令人击节的高见——

这几位同行都具有论说的热望。他们的评论不是干呕、硬码、苦熬，而是从胸腔里释出内燃着的能量。评论之于他们是职业更是事业。这几位同行都有为社会进步呼号的情怀。他们的评论个性鲜明、笔锋犀利，于繁复的世象中寻找本真，于困惑的思考中不懈追问。探索是他们的一种生活方式。这几位同行又具有较高评论智商。他们有写不完的题、说不完的话。在逻辑丛林中寻路，在思想海洋里遨游，在字斟句酌中享受论辩的乐趣。他们是一群勤奋的思想劳动者。几位评论员的视角似乎从未离开对民生的关切，百姓生活特有的"烟火气"跳荡在字里行间。

作为同行，我也不揣浅陋谈一点自己的想法，与本书作者和读者们分享。

其一,评论家似乎是夹在官员和学者中间的一群。官员主管治理实务,侧重处理和解决经济发展、社会管理和民生安排等诸种工作。"解决问题"首当其冲。学者职责是学术、理论研究,原理阐述、学理询证,是其要务。或可说,"解决问题"不是评论家的职责,"探讨学术"并非评论家专长。但在"解决"和"探讨"之间,似乎应该、也必须搭建一座桥梁——可以发挥新闻记者贯上通下,亦学亦政的优势,通过新闻媒体,实现理论与实际的结合、理政与研究的融合。一方面,为领导决策提供可参酌的意见,为理论研究提供更多材料;另一方面,借由媒体平台评说,增进共识、理顺情绪、化解矛盾,凝聚民心、弘扬正气、激励士气。这方面,我们应该是有所作为的。

其二,新闻评论的社会影响不可低估。新闻评论当然不可能"一言兴邦、一言丧邦"。我们国家能有如今这样强大的凝聚力和发展活力,根本还是改革开放路子对头,老百姓生活明显提高。没有这,任凭什么论说也没有底气。反之,政策上的欠缺、工作上的稀松、不良风气的滋长,大抵也不可能靠论说加以掩饰和弥补。

我想说,新闻工作、舆论导向,在国家发展和社会进步中具有十分重要的作用。这也是实话。新闻评论一旦公之于世,就会产生多方面影响,效果也是多方面的。比如,中央提出反垄断,本意是规范市场行为,但被有的境外媒体解读为对民营经济的打压，这显然是一种歪曲。一些城市发生电荒，本来是多种因素导致的暂时性现象，却被有的媒体说成是贸易战延伸，这至少是一种误读。对一些文艺明星过高报酬加以整治，本意是促进文化市场健康发展，但被有人解析为文艺政策风向变了，这明显是想多了、想偏了。类似的不切实际的解读和误读，过去有，以后还会有。纠正偏差，正本清源，弘扬正气，这不仅是对党报评论的要求，同样也是对各种各类媒体的要求，没有例外。所以，在众声喧哗的舆论场，评论家的冷静、理性、稳重、谨慎和担当，尤为重要。

其三，以建设性心态开展批评。评论当然要以问题为导向，没有批评也就没有评论。我体会，激浊是为了扬清，兴利是为了除弊。职是之故，在激浊中扬清，在除弊中兴利，应该是评论的正途。难点在于，同一现象在不同的解读中可以得出完全相反的结论，必须理性思考、客观分析。如：有人提出应该把经济活动交给市场，否则就是官商不分。但同样可以说，因为把经济活动交给市场，所以才有毒奶粉和地沟油，政府监管缺位不可容忍。又如：有人说，改革开放前我们虽有青山绿水，但一贫如洗，足见制度不行；而今生活改善了，日子好起来，但水不清山不绿，可见还是制度不行。还如：突发疫情，领导第一时间赶赴现场，有人说这是在作秀；而没有领导出现或者晚出现了，则又说不顾老百姓死活。有类似的街谈巷议并不奇怪。囿于种种原因，人们认识问题的角度不会完全一样。但对评论家来说，不应该被种种游谈无根的认识所左右;而要从维护大局立场出发,从解决问题的初衷入手,溯缘由、解扣子、讲道理、释疑惑、献良策。

评论是个相当棘手的工作。极少有哪篇评论能够让所有人赞成,也基本上做不到所论无瑕。所以在我看来,在自己缺乏研究、知之甚少的领域要少言、慎言,努力做到:自信而不自负,尖锐而不尖刻,坚守而不固执,雄辩而不诡辩,深刻而绝不故作高深。

以上想法,仅供各位同行参考,也希望得到读者指教。

推荐序二

"重要的是从适当的方面迅速抓住问题"

陈力丹

四川大学讲席教授 | 中国人民大学荣誉一级教授、校务委员

新闻评论是由报道新闻事实而演化来的一种言论体裁，它通过概念、判断、推理等方法，就时事问题做出分析，表明媒体或作者意见；有时，某些事实通过评论透露出来，不再专门发消息。现在的情形比那时复杂多了，新闻大多已经是现在进行时，评论也必须处于现在进行时。因而，以往关于新闻评论的论述需要内容和结构的更新。

《南周评论写作课》的书稿令我很高兴，网络条件下的新闻业界工作越来越浮光掠影，写过的东西难以有时间去细想，新的话题总在逼迫着必须在有限的时间内完成，但我们又很需要静下心来总结经验。组织这样的书稿，请业界几位已经小有名气的评论员讲述自己的切身体验，这个主意很好。本书呈现的颇为清楚、有趣的结构体系，也体现了编委

会的努力。

新闻工作与学术研究不同的地方在于：必须在有限的时间内做出判断，这就如恩格斯所说："重要的是从适当的方面迅速抓住问题"。（《马克思恩格斯全集》第35卷176页）我讲述新闻评论有20多年了，但那时还是大众传播的环境。这本书把我带到了眼下的网络传播的时代，话题具有很强的现实感，例如第一讲第四节"算法时代找选题的攻略"。本书采用的案例均为当前的实例，很生动，也有很强的针对性。

我想再强调几个问题，因为目前同类问题依然很多。

第一，立论（选题）不要随大流，而要反潮流，这里并非真的与主流意见不一致，而是指形式上反潮流，给人以新的认识角度或新的思考范畴；或者再向前看一步，给人以更为广阔的视野。具体而言，即需要做到：

论点有争议，至少表达形式上有些不同。如果你的论点是人们普遍同意的，那为什么还要说呢？当然，论证中的论据应当是没有争议的。

现在网络言论中有些明显地是在挑战人的基本智能或基本的道德底线，但一时颇为时髦，因而媒体有责任对此提出挑战性的评论。这意味着直面某些公众的既定价值观、行为方式。采用何种适当的切入口、理性的言语，都需要我们的智慧。

注意论证中的平衡，但作者的观点必须明确表达，不可含糊其词。

还有论证的科学性，论证不仅要符合逻辑，也要符合科学,甚至生活常识。为做到这一点,就如本书第四讲第一节要求的:"建立最低限度的知识储备"。我想补充一句定语:"建立最低限度的百科全书式的知识储备"。

做到以上要求,需要作者对整体形势有全面而清晰的把握,既不能给自己带来各方面的风险,又能够帮助读者进一步分析问题,提供思考的合适视角。当前的本书已经提供了很多事例,我想再举一个老案例。

张海迪的座位在哪里

张海迪是全国政协委员,同时也是一名残疾人。由于小时候的一场疾病,使得她再也不能同普通人一样行走,不得不终日与轮椅为伴。张海迪来到北京参加全国政协会议的时候,我从新华网上见到一张她参加开幕式的照片。

照片上的张海迪看上去十分清瘦,正聚精会神地聆听主席台上的报告。和以前一样,她坐在轮椅上,轮椅停在大会堂的过道上,下面是殷红的地毯。因为没有固定座位,张海迪不得不和坐在过道边上的一位女同志共用一张写字台。轮椅紧挨着那位女同志的座位,显得很局促,两个人挤在了一起。

就是这样一张照片,使我感到诧异:人民大会堂怎么没有残疾人的专用座位呢?……

(2002年3月18日《中国青年报》)

这实际上是一种批评。任何批评都可能承担一定的风险，但显然在这个问题的判断上，风险是不大的。

再如一个更老的案例。

一个人真能承包100个厂吗？

石家庄造纸厂厂长马胜利，最近签定合同承包了鞍山造纸厂，这是他承包的第39个厂，他一共要承包全国各地的100个造纸厂。对此我有一喜一忧。喜的是，中国确实涌现出了有雄心大志的企业家；忧的是，一个人真有能力承包100个厂吗？

（1988年3月1日《大连日报》）

这是一个反潮流的立论，但与人为善，颇为中肯，同时也提出了一个值得警醒的社会意识问题。

有些涉及人的尊严或生命的问题，作为评论作者就需要把普遍性的判断作为论据来评论具体的判断。本来是常识，若社会对此还感到陌生，则需要作者有一定的勇气，讲出这样的常识。下面这篇评论对我原有的观念是一次冲击，因为1969年上海知青金训华为抢回被洪水冲到黑龙江里的原木而牺牲的事迹，使我长期持有这样的观念：国家的财产再小也是大事。这篇新时期的评论，使我从此次有了一种新的认识：把财物看得重于生命，是价值评价尺度的扭曲。这说明，评论作者的观念要走在时代的前列，思想认识平庸是不可能写出这样令人警醒的评论的。

不是英雄，也有权利

大庆市两级法院对"未能与歹徒进行殊死搏斗"的建行职员姚丽做出恢复公职的判决，这一个判例对于中国的法治和道德文明，都是具有重要意义的。

我们应该看到，人们所期待于法院判决的，根本就不是要"判"一个人是英雄还是狗熊，而是要判这一个人在生命受到威胁之下的选择中有什么权利和义务，应不应该受到责罚；而我们现在所关注的焦点，也不是建行出了一个英雄还是出了一个狗熊，而是社会把一个人的生命和另外一些人的财产看得哪一个更重。

……银行职员是一个普通的职业，不是公安，不是战士，一个普通的职业不能规定公民必须有付出生命的义务。……

与人的生命相比，财务本身没有什么更神圣的意义，无论它们属于私人、集体，还是国家，把财务看得重于生命，是价值评价尺度的扭曲。……文明进步就包含着道德更新，其中就必然包含着尊重生命的命题。没有把人的生命看得高于一切的道德，就没有道德。

……即使自己愿意付出生命，也不能将付出生命的尺度强加于他人；……一个没有处于险境中的人没有做的事情，不能责难一个身处险境中的人必须去做。这不是一个苛刻的标准,而只是为了我们这个社会能有更多的真的东西:真的选择,真的行动,而不是假的道德尺度。如果说,姚丽的选择是应该受到谴责的,那么至少真的能够在她那一刻付出生命的人,才有资格谴责她。一个社会的良心、宽容,只有这样才能生长,否则就只有严酷和虚伪。

……在今天,我们应该承认,不是英雄,也有权利。这个权利不是一个银行职员的特定权利,而是普通人在临难时刻保住自己生命的权利。姚丽需要的不是表彰,而只是公正。

(2000年3月24日《中国青年报》)

新闻评论的立论有些很俗,在于作者的水平不够。例如某中央级行业报2013年7月31日的评论《安全生产法当为"热死"撑腰》,要求立法保障被热死的人的权益;还有北京某报2013年8月5日的评论《禁法官生活糜烂须入法》。且不说这样的标题如何拙劣,现在只要某方面出现问题,一些媒体即刻的评论就是这类标题:为此要立个法。中国的法律还少吗?既然已经有了关于安全生产方面的法律法规,当前的主要问题应该是执法,而评论的逻辑是:现有法律层次低,容易被忽略;既然已经有了关于处罚"生活糜烂"(用词不准确)的法律,评论却要求专为法官立法,似乎法官不受已有法律的约束。作者们各方面的知识匮乏,导致评论的水平低下,误导公众。

第二,论证要符合逻辑,不要留有漏洞或把柄。否则,全盘皆输。

评论的论证逻辑,最常见的是三段论,还有归纳论证(由特殊推出普遍)、类比论证(从个别推出个别),以及反证、喻证等。表达形式上,包括正论、设论、驳论等。

三段论我们似乎都很熟悉,不就是这三句话吗:凡人都有死(大前提);苏格拉底是人(小前提);所以:苏格拉底会死(结论)。但真正贯穿"三段论",使评论具有说服力,还是需要认真思考的。相当多的评论无形之中都贯穿着三段论的逻辑。例如这篇小评论。

爱情教育不应该成为青春禁忌

作为人类的一种重要的情感,爱情对于孩子们不可能是封闭的,因为社会和人生对于他们不可能是封闭的。实际上,古今中外的历史证明,封闭知识——包括人类的情感知识,几乎是不可能的。[大前提:人都是有情感的]

当孩子们在今天开放的信息环境里毫无障碍地接触到比较物质化的两性情感信息的时候,那些古今中外最纯洁、最美好的人类两性情感——真正可以称为爱情的东西,难道却要对他们封闭吗?[小前提:孩子也是人]

人的物质欲望,包括性欲,都属本能,它们随着人类的身体一起生长。但是爱情不是这样,它是人类文明的一个成果,是善的意志、美的追求的一个成果。这样的成果,没有教育是不能自动传承的。而古今中外关于爱情的文学艺术,就是人类爱情教育的媒介。这样的情感知识不大可能通过教科书的形式来分析和生理卫生课的形式来图解。[结论:所以孩子也是有情感的]

(2004年9月1日《新京报》)

"三段论"如此普及,但问题也是很多的。例如一篇论文的"提要"写道:

"社会化"原义是指人由自然人到社会人的转变过程,每个人必须经过社会化才能使外在于自己的社会行为规范、准则内化为自己的行为标准,是人与外部世界相协调的必然经历。本文借用这个概念来表述,意指原本因为种种原因而与大多数公众生活距离甚远的"科学"信息,已经发生了某些变化,达到与社会其他组成部分之间的协调与融合。

它的实际逻辑是:人是要经过社会化的——成立;(科学类似于人)——第二项不成立;所以科学要社会化——不成立。"社会化"特指人的社会化,只与人相关,借用来说明科学,就变得荒谬了。科学是人的发现和创造,不存在"社会化"的问题。科学的普及不能使用(即使是借用)社会化的观念,因为完全不是一回事。一旦立论不成立,文章连修改的余地也没有了。

这里推荐一段马克思为农民拣拾枯枝的权利辩护的反向

三段论论证，大家学习一下内含的三段论逻辑。

　　有一位城市代表反对法律的标题，因为这个标题把普通的违反林木管理条例的行为也归入"盗窃"这一范畴。

　　一位骑士等级的代表反驳说："正因为偷拿林木不算盗窃，所以这种行为才经常发生。"

　　照这样推论下去，同一个立法者还应该得出这样的结论：正因为打耳光不算杀人，所以打耳光才成为如此常见的现象。因此应当决定，打耳光就是杀人。

　　　　　　　　　（《马克思恩格斯全集》第2版1卷241页）

　　评论写作中可以采用归纳、类比的论证方法，但要一定小心，要把话说全。归纳的本质是从特殊归纳出普遍，这需要多数人的认可，因为结论明显是不确定的。例如这样的判断：所有观察到的乌鸦都是黑的，所以所有乌鸦都是黑的。除非我们见过所有的乌鸦才可以这样说，但这是不可能的。17世纪发现澳大利亚的黑天鹅之前，欧洲人认为天鹅都是白色的。随着第一只黑天鹅的发现，这个判断即刻就不成立了。

　　这方面我遇到过一篇文章。某中央行业报2007年2月27日发表的评论《我的教训验证了"人为财死，鸟为食亡"》，引用一个贪官忏悔中的话做标题。这是一种从自身的特殊归纳出普遍，贪官的论证逻辑是有问题的。"人为财死，鸟为食亡"是我国的俗语，是一种平庸的生活观念。事实上很多人持这样的生活理念，我们不能要求他们都持有先进思想。可以批评这样的平庸生活观，但无论如何不能把这样的生活观念作为贪官犯罪的思想根源。这个贪官实际上把自己犯罪的根源推给一种普遍认识，相当于变相为犯罪自我辩护。即使有这种生活观，最多思想落后，不能与犯罪根源扯到一起。

本书的整个第三讲，都在讲述论证逻辑与经验，值得推广。例如这讲第五节所谈"以喻代证"就是我前面提及的喻证。比喻不是真的，而是通过比喻对所论证的问题或事物加以进一步说明，是一种辅助论证，单独使用什么都证明不了。设论即"如果……，那么……"，也不是真的，可以作为一种辅助论证方式，但不能单独使用。

这里特别谈一下"反证"。反证即有一些论据本来是有利于对方的或本来就是对方说过的话语和逻辑，但在新的条件下这些论据恰恰是否定对方的有力论据，因为来自对方自身。前面引用的评论《一个人真能承包100个厂吗？》，用一个正论（关于交通、通信条件）、一个反证和一个驳论，完美地使自己的立论立起来，难以被驳倒。其中的"反证"如下。

再就个人的能力而言，我读过关于马胜利承包石家庄造纸厂的报道，那里介绍说他经常早起晚睡，吃住在工厂。可见管理一个厂对他也不是很轻松的。现在要承包100个厂，既无闭路电视、卫星传真，又不像哈默那样拥有私人飞机，奔波于100个厂之间，何其辛苦！且不说熟悉100个工厂的基本情况，就连记住100个厂负责人的姓名，也够忙上一阵子的，还能谈得上知人善任吗？再说，我们承认马胜利在石家庄造纸厂的成绩，也承认他的经验别人可以借鉴，但决不能承认真有"放之四海而皆准"的治厂之道，各个工厂都有自己的具体复杂的情况。

作者采用了当年表扬马胜利通讯里有利于他的真实实例，反过来论证了马胜利不可能承包100个工厂。论证有力，难以辩驳。

前面提到网络言论中有些明显地在挑战人的基本智能或基本的道德底线，甚至是反人类的。由于他们习惯于用正义的动机掩盖逻辑、方法和手段的不正义，在价值观上有一定的欺骗性和迷惑性。这样的言论亟须正规传媒发出批评性评论，正确引导舆论。因而通过"反证"，往往可以达到以正视听的传播效果，因为他们有太多的前后不一致的双重标准言行。

新闻评论与新闻事实的写作一样，都在时间的机床上奔忙。忙是忙，一定要勤于全方位地思考，有大局意识、判断能力才行。就此，我们温习一下恩格斯给一位学习经济学却入门从事新闻工作的年轻人写的一段话。

新闻事业，特别是对于我们这些天性不那么灵活的德国人（因此犹太人在这方面也"胜过"我们）来说，是一个非常有益的学校，通过这个工作，你会在各方面变得更加机智，会更好地了解和估计自己的力量，更主要的是会习惯于在一定期限内做一定的工作。但是，从另一方面看，新闻事业使人浮光掠影，因为时间不足，就会习惯于匆忙地解决那些自己都知道还没有完全掌握的问题。但是,凡是像您这样爱好科学的人,在这种情况下都会有能力去识别,什么是形式华丽但只是靠手边的辅助材料写成的应时作品,什么是精心完成的但外表可能不太华丽的科学著作;虽然在这里,报酬常常和实际价值成反比。

(《马克思恩格斯全集》第 37 卷 318-319 页)

2021 年 7 月 27 日

第一讲
怎样捕捉一个好选题

李海华：《南方都市报》评论部主任、南都新闻奖金奖获得者，17年评论编辑经验，时评界的"老干部"。从报纸的评论版、个论和众论，到移动互联网时代的时评、音视频，他全程参与，亲身经历了中国时评的更迭起伏。"评论与新闻一样易碎，但关注公共事务、有稀缺性的独家评论可以'让子弹飞得久一些'。"

第一节 捕捉选题的准备

《南方都市报》在 2002 年就开设了社论版,后来又推出了个论、众论和评论周刊,近年来为顺应移动互联网的发展,又上线了音频和视频评论。我几乎全程参与甚至主导了这个过程,所以对互联网环境下如何找选题、写评论也做了一些总结,与大家分享。

一、评论写作会遇到的问题

(一)错失好选题

评论写作课为什么要从选题开始讲起呢?这就像聊天要先有个话题,才能聊到一起,评论也是如此。

我有一次选题上的失误至今难忘。

例 1-1 2006 年 11 月 22 日，时任中国政法大学校长徐显明在一次研讨会上提出所谓"第四代人权"的说法，我当时作为社论编辑没有选这个题，觉得一家之言不用理会，实际上这个话题后来引发了热烈讨论，《南方都市报》应该在第二天就发表社论表明立场，可惜由于我的判断失误错过了时机。

我想这也是写评论常会遇到的问题——错失好的选题。这次教训，使我对选题的重要性有了切身体会。

（二）不知从哪里找选题

面对大量的新闻客户端、微博和微信朋友圈中的信息，看得过来吗？要不要看那么多呢？怎样花较少的力气又不至于漏掉好选题呢？

捕捉一个好选题，对评论写作来说是一个好开始，当你找到一个好选题，相当于一只脚已经踏进了爆款的河流。

二、怎样找到选题并写出独家评论

怎样敏锐地找到选题并写出独家评论，需要不断地探索和钻研，但也有一些可供借鉴的方法。

评论选题其实并不难找。

刚听到这话，你会不会觉得有点儿站着说话不腰疼？别急,不腰疼的原因不是站着,而是做好了充足的评论准备。

如果你能和我一样做好思维准备、习惯准备和知识准备,我相信选题对你来说也会变得简单起来。

(一)思维准备

梁启超、胡适那些评论大家的思维往往非常开阔,选题也很多元,他们既能谈中国的政局,也能谈人力车的废止,写起评论来纵横捭阖、收放自如,既涉及宏观的国内外大事,也有微观的百态人生,格局之大,值得深思。

怎么培养大格局呢?主要有以下三个方法。

第一,确信没有什么不可以评论。评论选题长什么样?是红脸的关公还是蓝脸的窦尔敦?其实没有固定套路。政治、经济、文化、社会,这些领域的事件或现象当然可以拿来做选题,微博热搜和八卦新闻也未尝不可。

例 1-2 某位高管夫人曾在微博上向淘宝第一网红叫板,她说:"你再来招惹我老公,我就不客气了,望自重,好自为之。"这件事能不能拿来评论一下?可能很多人会说:"我是个严肃的评论人,这种八卦有什么值得评论的?"那我告诉你,这件事不但值得评论,并且还能评论得很严肃。

虎嗅就有一篇评论,题目是《出轨经济学:自命不凡,大意失金》。这篇评论运用边际效用理论、机会成本、信息不对称及帕累托最优,探讨出轨、爱情、婚姻与幸福。

听上去是不是很高大上？的确，文章上升到人性和社会层面来看名人出轨问题，比起那些花边新闻，能给读者更大的启发。

虎嗅的这篇评论让我觉得，同样一件事，评论者的积累不同，看到的问题也就不同。如果我们一直被所谓的"严肃评论人"的角色束缚，对"八卦""娱乐新闻"之类的话题避而不谈，那真的会错过很多选题。

所以，要建立没有什么是不可以评论的观念，并且通过读不同领域的图书，让自己从先前的认知体系中跳出来。一破一立，这样才能养成找选题的大格局，发现更多好选题。

第二，养成公共精神。什么是公共精神？就是说要意识到我们是一个共同体，休戚相关、荣辱与共。作为共同体的一员，关心公共事务，拒绝作壁上观，就是有公共精神的表现。评论人必须要有为公共事务发声的公共精神。

例 1-3 每年都会爆出高空抛物造成人员伤亡的新闻，这让每一个从楼下走过的人都提心吊胆。但提心吊胆的人不一定都会去想办法解决这个问题，大家觉得只要不落在我头上就不关我的事。这种心理和行为就是没有公共精神的表现。有公共精神的人，就会与物管交涉，向媒体反映，甚至不解决问题绝不罢休。

除了头顶上的安全，还有脚底下的安全。比如，2020 年

4月，最高人民法院、最高人民检察院、公安部联合发布《关于办理涉窨井盖相关刑事案件的指导意见》，规定盗窃、破坏窨井盖行为可依法以故意伤害罪、故意杀人罪定罪处罚。

我们一直关注这个问题，但也一直没见有力的对策，所以一看到这个文件从刑罚角度来约束盗窃、破坏窨井盖的行为，就觉得这条行政法规的突破很大，保障的是公众安全这个公共议题，当即就写了一篇社论《严防窨井"吃人"，维护"脚底下安全"》，对这一意见的作用表示期待。

这些与每个人息息相关的事，是当然的评论选题，但往往因其反复出现，评论难出新意，所以易被忽略不计。

其实，越是反复出现，越能说明问题严重，评论可以从更深的角度进行挖掘，甚至可以去推动治理。类似的还有小区业委会成立难、加装电梯难等日常生活中的公共议题。

第三，跟上话题节奏，多看别人在说什么，做好选题积累。有人可能会说，我不喜欢人云亦云，我要有自己的见解。这很好，我们在后面讲独家评论的时候会专门讲，这里的跟上话题节奏是针对找不到选题的情形来说的。

我刚进入南方都市报做评论员的时候，老实说就像刘姥姥进大观园一样蒙。看到门户网站上那一行行闪烁的标题，心里慌得不得了，不知道哪个才是我的菜。老编辑让我报题，我也说不上来。后来我就看老手写什么话题，琢磨为什么写这个话题，怎样去展开这个话题，渐渐就开窍了。

我的一条经验是，做评论需要选题积累，需要时间融入舆论场，了解人们谈什么和怎么谈。不要急于去设置议题引导舆论，先做命题作文，熟悉情况之后才能实现突破。

南方都市报的评论员和编辑很早就开始根据自己的兴趣和专业建立选题资料库。具体做法是按照话题关键词收集相关报道和评论，并逐条概括出核心意思。这样再碰到这个话题的时候，就能迅速判断出它有没有新意，价值有多大了。这看起来像是笨功夫，却是一种行之有效的选题积累方法。

比如高空抛物这个话题，在第一次出现这个新闻事件时，我们就会建立一个关键词为"高空抛物"的文件夹；设置关键词后，我们会抽取围绕这个关键词出现的"增量信息"，也就是新的信息点、新的角度等，把它概括出来，例如"小区安装摄像头监控高空抛物来源""民法典草案如何完善高空抛物责任"等，日积月累，就能建立一个丰富的选题资料库。我就有位同事长期关注"垃圾分类"的话题，很有积累，每次写这个话题的时候，都由他来执笔。

找选题的思维准备做齐了，一种找不到选题带来的茫然感自然就克服了。

思维打开了，还要有意识地培养一些找选题的好习惯。

（二）习惯准备

第一，看微博和新闻客户端的热点。大家对微博热搜话题应该不会陌生。一名优秀的评论员，要做热搜话题的"跟踪器"，随时随地关注微博热点话题。热点话题中藏着不少好选题。

我举一个在热搜上找到选题的例子。

例1-4 2020年4月22日,我们在选题会前还是照常浏览微博热搜,看到这样一条:#钟南山说我们挺过来了#。当时就想这条为什么能上热搜呢?虽然疫情期间多次发声,但钟南山的相关内容也没上热搜,这次为什么就能呢?我们重点讨论了一下,认为这句话确实说出了大家共同的心声,中国经过三个多月的努力终于控制住了疫情,挺不容易的,很有必要呼应一下。为此《南方都市报》发表了一篇文章,题目是《"我们挺过来了",我们还将继续挺下去》,既是对院士的呼应,也是对公众的提醒。

当然,微博热搜不少都是八卦。我们不歧视八卦,不少娱乐八卦背后的问题,其实是值得深思的社会问题。

例1-5 像明星和粉丝之间的关系就是如此。比如,某明星的粉丝是一位人民教师,她不仅自己追星,还组织班上的小学生为明星应援,性质非常恶劣,我们当时就发表文章对这种现象进行批判,指出老师的喜好可能在不经意间塑造孩子的认知,商业应援的那一套不适合带进校园。

所以,从热搜八卦中找选题,我们要去严肃思考八卦事件背后的意义,不要为了满足自己的窥私欲而抱有八卦心态。像名人出轨这样的事,八卦心态就是细节越多越好,有图有视频最好。严肃的评论人不会去追逐这些东西,他们会透过现象找到背后的问题,之前提到的虎嗅的评论文章《出轨经济学:自命不凡,大意失金》就是个好样例。

除了微博热搜,新闻客户端也是重要的选题来源,我的建议既要看《人民日报》、新华社和中央电视台等中央媒体的客户端,也要看本地主要媒体的客户端。我在南方都市报工作,就会看"南方+"和"南都"这两个新闻客户端。此外,财新网、澎湃新闻、《南方周末》和《新京报》也是要看看的。

新闻客户端本身有热点排行,这是算法推荐的结果,可以作为参考,但最热的不一定是最好的。我的经验是着重看经济和社会话题,这些话题关注的人比较多,也比较好着手写。

第二,看别人的评论找自己的选题角度。写评论,说什么很重要,怎么说也很重要。为什么同题作文会有高下之分,原因就在怎么说上有差别。比如挖掘的深度不同、立论的角度不同,真是横看成岭侧成峰。

例 1-6 复旦大学附属华山医院感染科主任张文宏说早晨不能喝粥,只能吃鸡蛋、喝牛奶。这番话引发了巨大争议,很多人说他这是崇洋媚外,缺乏文化自信,中华民族自古以来早餐不都是喝粥吗?可是也有很多理性的言论指出张文宏的建议是有科学依据的,讨论问题不应该上纲上线。张文宏后来回应说:"这些事情超出了我的想象,但是我认为有讨论就是好事。"

你看,这同一件事起码就有三个角度:一个是批评,一个是支持,还有一个是有讨论就好。当然,我会选择后两种角度,而不认同对张文宏的批评。

很多时候,我们对一个选题的切入角度是可以并行不悖的,而不是非此即彼。

例 1-7 2007 年 5 月,媒体曝光了山西黑砖窑事件。《南方都市报》就此发表了几篇社论,角度各不相同,有谴责包工头暴虐的,有谴责政府失职的,但有一篇让我印象最为深刻,题目是《必须正视山西黑砖窑里人性的集体沉沦》,把矛头对准了那些知情不报的人,他们没有参与却默许了罪行,这就是后来社会学家孙立平讲的社会溃败问题。这个角度相当有深度。

如果天下无事又该去哪里找选题呢?我告诉你个办法:翻日历。一年 365 天(或 366 天)都快被各种纪念日占满了,说不定就有一款适合你。很多纪念日都有年度主题或特殊背景,可以在这上面打打主意。

第三,抓住特定背景下的特别日子。从特别日子中找选题，一定要有特定背景，没有特定背景的就不建议写了。所谓特定背景是指有相关新闻事件的铺垫，这样才容易引发共鸣。

例 1-8 三八妇女节年年有，但 2020 年的妇女节非常特殊，因为这是疫情中的妇女节，并且驰援湖北的医护人员中大部分是女性，在这个特殊的日子里表达对女性医护人员的关心关爱就是一个很好的选题。《南方都市报》为此刊发了社论《致敬她们的贡献，看见她们的需求》，特别是要看见她们的需求，文章指出，"如果不是前线女医务人员急缺卫生巾、安全裤的消息经网络传递出来，恐怕就不会有妇联和其他民间志愿者紧急筹集大量妇女卫生用品驰援前线的行动"。

从这篇妇女节社论中，我们可以得到一点启发：为什么大家都只是在赞颂白衣战士甚至当代花木兰，却很少会想到女性的特殊需求这个问题呢？这本来是个常识，谁在危急时刻能不忘常识，谁就能写出与众不同的评论。

（三）知识准备

1. 具备一定的通识及人文情怀

评论员要具备一定的通识，自然、社会和人文方面的都要有一些，特别是要有人文情怀，这样写出来的评论才有底蕴。

只有专门知识没有人文情怀的典型表现，就是所谓的经济学帝国主义，它们主张经济学原理可以解释一切，并且用经济学原理解释一切才是唯一正确的路径。抱着这种观念写评论的人不少，他们的评论引起的争议也不小。

例 1-9　怎样解决春运时期火车票紧张的问题。按照这派人的主张，办法就是放开票价，通过高价来甄别真实需求，直到火车票的数量和乘车者的数量相当。供求决定价格，价格影响供求。从经济学角度讲当然有点道理。问题是，春运火车票不单纯是个经济问题，更是个社会问题甚至政治问题。如果允许火车票价高者得，就会引发非常恶劣的影响。

这个反面例子给我们的启发是，评论人要有比较完整的知识结构，具备相当的通识，这样才不至于太天真太狭隘。

那如何积累通识呢？读书，特别是要读政治、经济、社会、文化、历史等领域的经典著作，比较直接的办法是读概论性和通史性的著作，观看一些经典电影也是个好方法。它们能帮助我们逐渐建立基本的知识结构，这样在找选题时，就更容易看到不一样的视角。

通识之外，真正使评论有底气的还是作者的专业修为。

2. 选择一两个领域深耕，确立自己的比较优势

那我们怎样找到适合自己深耕的领域呢？可以先从熟悉

的领域下手。比如你的背景专业领域,或者长期关注的领域。还可以查缺补漏,看看什么领域有矿可挖却少人关注。

这里,我们具体讲讲什么叫熟悉所在领域。

例 1-10 "城市战争"这个公众号的定位是"城市研究,陪你发现全球机遇之城",主要是运用区域经济理论解读各种经济数据,从而做出结论给出建议,具有很强的垂直属性。

我们来看这个公众号的两篇文章的标题:《从租金水平看,谁是中国最强 CBD?》《一季度写字楼空置率,北上广深为何悬殊巨大?》。普通人一般不会去注意 CBD 租金水平和写字楼空置率这类数据,更不会去研究,但有人去注意有人去研究,这就是专家存在的意义。这里插一句"悬殊巨大"是语病,属同意重复,写作时应避免。

显然,这个公众号的经营者选择城市经济这个领域深耕,掌握了相关数据和资料,并且有一个分析框架,在这方面,他的文章就有一定的专业性和权威性。不少政府和企业都找他写文章,在业界小有名气。能做到这步,就是因为他熟悉所在领域。

要想快速熟悉所在领域,必须找好向导,简单来说就是要找这个领域代表性人士的代表性文章来看,了解现实状况和历史脉络,确立自己的坐标。

拿我自己来说，了解互联网行业就看虎嗅和钛媒体，了解财经领域就看财新网和 FT 中文网。

3. 保持稳定的价值观，让评论有底线

写评论最忌讳的就是今天这样说，明天那样说，摇摆不定。

价值观稳定可以用孟子说的"富贵不能淫，贫贱不能移，威武不能屈"来概括。这三条也是合格的评论人应有的素质。

这里说的价值观稳定是有前提的，公共领域要认同民主法治、市场经济和多元文化等，私人领域要信守自由、责任、尊严和爱等。

例 1-11 因盗窃入狱的周某在 2020 年 4 月 18 日第四次获释，在此之前周某说的一番话被炒得火热，有记者曾问他为什么不去打工而要盗窃，他说"这辈子都不可能打工"。这段视频在网上疯传，看着确实很搞笑，但很多人好像当真了，拿周某当精神偶像了，还有一些平台宣称要与周某签约。

关于这个事件的评论，基本都是从价值观角度立论，有的批判周某好逸恶劳的心态，有的批判平台追求流量的病态。更为深刻的评论是从社会心理和文化批判的角度着眼，从中可以看出认识的深度差异。这需要保持生活的痛感，不被过度娱乐化麻木了心灵。比如《南方都市报》发表的一篇评论就指出:"在这个信息高速流动的时代,我们关注的早已不是网红本人,而是给网红身上下好的定义,我们喜欢对这个定义进行热烈的讨论,而非讨论网红本人。"

小结:

捕捉评论选题要做哪些准备?

第一,思维准备,要坚信没什么不可以评论,要养成公共精神,以及跟上热点话题节奏。

第二,习惯准备,要看微博热搜和各大新闻客户端,要通过看别人的评论找自己的角度,还要能抓住特定背景下的特别日子。

第三,知识准备,要具备一定的通识,再选定一两个领域深耕,同时要保持稳定的价值观。

第二节 如何找到好选题

一、好选题的三个特征

(一)公共性

所谓公共性,简单来说就是好的选题是社会广泛关注的话题。

写评论，不能只拿个人说事，除非发生在个人身上的事情具有代表性。

比如被要求证明你妈是你妈这件事，开始可能就只是个别人的遭遇，但报道出来之后引发了大量的吐槽和热议，说明这种现象具有相当的普遍性，也就是有公共性。有公共性的选题就像一颗石子，扔到水里会激起层层波纹。

选题的公共性体现在深层和表层两个维度。

1. 深层维度

深层维度就是选题对当前的社会有深层次和全面的判断，比如能理解公众的情绪、当下发生的经济问题等。

例1-12 2016年12月下旬，舆论场中发生了所谓"死亡税率"的争议。起因是天津财经大学财政学科首席教授李炜光做了一份社会调查，调查显示民企实际的税收负担率约为40%，上年中国企业总税率高达67.8%，而大部分企业的利润率不足10%，所以他把这个税率称为"死亡税率"。

国税局专家当然不同意，说无论按大口径还是小口径，中国的宏观税收负担率都比发达国家及一般发展中国家要低。那到底谁是谁非呢？

《南方都市报》就此发了一篇社论，题目是《是否"死亡税率"，企业均亟待减负》，没有去纠缠民企税率高低问题，而是指出无论是哪一方都无法否认，目前的税制需要改革，中国企业需要减负，而且这个问题越来越急迫。

关于民营企业问题,《南方都市报》发了很多评论,这篇评论只是其中之一。除了税收负担率的问题外,民营企业还面临行业进入玻璃门、融资难融资贵、经济纠纷刑事化等诸多问题,总之就是缺乏公平竞争的营商环境。这是中国正在努力解决的一大痛点。

由于有着这样的认识和积累,《南方都市报》对有关民企的一举一动都很敏感,并且能够小中见大,从特殊到一般,从局部到整体,抓住一切合适的机会为民企发展声援、助威。

总结经验就是,对较为突出的经济和社会问题要有比较深入的认识,要明白其中的原委,这样在看待一个偶发事件时,往往就能从偶然想到必然,增加评论的深度。

2. 表层维度

公共性的表层,简单说就是看选题在客户端和热搜上的数据表现,排位越前说明关注度越高,公共性越强。这个比较直观,容易判断。

例 1-13 "建议提高未成年性同意年龄至 18 周岁",这是我们在 2020 年 5 月 12 日的微博热搜上看到的。这个选题本身有热搜体质,何况那段时间还爆出了高管涉嫌性侵养女的事件,让它有了相关的新闻背景,所以我们判断拿来做评论肯定是不缺关注度的。

我们讲深层和表层两个维度，是为了便于说明问题，其实这两个维度很多时候是很难分开也不用分开的。一个选题是否有关注度，熟练的编辑靠感觉就能做判断，所谓熟能生巧，当然这需要积累。对于刚入行的同学来说，就需要综合两者来看。

（二）稀缺性

稀缺性，是指选题少见但重要。

稀缺性与公共性乍一听起来，是不是觉得有点儿自相矛盾？稀缺不就是关注的人少吗？这样的选题真的好吗？

其实不矛盾。这里说的稀缺性是指很少被提及但非常重要的话题。也就是那种没人说则罢了，一旦有人说就立马炸锅的选题。

如果说选题是一座冰山，露在上面的是公共性，人人可见，那么藏在下面的就是稀缺性，难得一见。但难得一见不等于不受社会关注，有的时候，这种选题甚至更重要、更受关注。

例1-14 2020年1月28日，最高人民法院官方公众号发布署名文章，题目是《治理有关新型肺炎的谣言问题，这篇文章说清楚了》。这里有个背景，此前有医生在微信群里说武汉华南水果海鲜市场确诊7例SARS，被警方以散布谣言为由进行处置，引发很大争议。最高法在这篇文章中就明确表示，"虚假信息起源于信息公开的不及时、不透明"，"试图对一切不完全符合事实的信息都进行法律打击，既无法律上的必要,更无制度上的可能,甚至会让我们对谣言的打击走向法律正义价值的反面",文章一发出就刷屏了,很快阅读量就达到 10 万 +。

有最高法打头阵,《南方都市报》也就可以下场参与了,马上就发表社论,题目是《查处八名"散布武汉肺炎谣言"者是否得当,应该重新给个说法》,指出当事人或许因为参与抗击新冠肺炎的各项工作,或者自身染病毒,而无暇及时寻求司法救济,但办案机关同样有责任对此进行主动审查,直面这些并不久远的执法细节。这篇文章阅读数突破 64 万,算是爆款了。

武汉警方出来回应称没有行政处罚只是批评教育,《南方都市报》又跟了一篇,强调批评教育的依法查处,也得有是非对错,阅读数更是突破 223 万。这说明题选对了,并且穷追猛打,最大化利用稀缺性资源。

这种选题非常稀缺,因为供给受限制,但需求非常大。

你可能会说,疫情期间有特殊性,平时有没有这种稀缺性选题呢?也有。

例 1-15 所谓的"控负"问题,就是控制对本地区、本部门的负面报道。2005 年 9 月 17 日,新华社报道反映了这个问题,并配发了评论《如此"控负"无异于掩耳盗铃》。新华社出来发声,机会就来了。《新京报》发表社论《"控负"是向舆论监督叫板》,虽然意思很平常,但关键是表明了态度。

判断选题的稀缺性，首先要认识到这个选题很重要，如果只是因为某种限制才不能做，那你要等待时机，寻求突破。我做评论这些年，已经越来越有耐心。一个好选题做不了，不用郁闷，只要不放弃，机会就会来敲门的。

（三）匹配性

匹配性，也就是这个话题要与平台调性和作者禀赋相适应。

人们常说合适的就是好的，评论选题也是这样。所谓匹配，就是说选题符合平台的调性，也符合作者的禀赋。

平台的调性就是媒体的风格气质。现在是新媒体的时代，新媒体又分为机构媒体和自媒体两类。机构媒体也会用网络化语言，但整体上比较庄重严肃。自媒体往往非常有个性、接地气。风格气质不同，这就是平台调性的区别。

不同平台对评论选题的要求是不同的。

例1-16 在"人民日报评论"这个公众号上的评论，选题带有鲜明的党报特点。我们来看两个标题：《不怕开会，怕开和自己无关的会》《坚决防止新的形式主义》。这些都是党委政府的口吻，很好辨别。

而财新网的评论，选题上侧重经济领域，并且有相当的专业性。我们再来看两个标题：《购房意愿走弱会否大幅拖累房地产销售》《全国影剧院预约限流开放，行业有救了？》。从标题我们就能看出，财新网的评论关注的都是行业和市场，与《人民日报》的评论有很明显的区别。

而自媒体的评论选题大多是从平台的用户需求出发，非常精准专一。

例 1-17 "智谷趋势"这个公众号的定位是"财富情报顾问"，所以它的文章大多是帮用户分析投资理财，比如他们会结合丰巢事件去分析房价的涨跌逻辑，分析通缩趋势对用户投资理财和生活的影响等。

说完平台调性，我们再简单说下作者的禀赋对评论选题的影响。

例 1-18 六神磊磊对金庸的作品研究了很多年，对此很有发言权，他在自己的公众号"六神磊磊读金庸"的简介中说"我的主业是读金庸"。这就是作者的禀赋决定了他的选题是和读金庸有关。

我们在找评论选题时，也要结合自己的禀赋来圈定范围。如果你是自媒体作者，就要在自己的垂直领域里发挥长处；如果你想给平台投稿，尽量写自己熟悉的题材，这样会更有机会出彩。

总之要把握一条原则：平台需要什么，你擅长写什么，两者的交集就是你的选题方向。

二、找到好选题的三个方法

（一）跟上重大事件节奏，在变化中找到选题

什么是重大事件？不用下定义，举例子最直观。

比如战争、疫情、地震之类，肯定就是重大事件。这类事件无疑是评论的选题，但大家都在写，这时候怎样充分挖掘其中的价值，就很有讲究了。

我最常用的方法是抓住其中的重要节点。重大事件往往有一个演变的过程，在这个过程中会有不同的节点。比如事件的转折点、突破期、衍生问题及当事各方状态等。

写评论要善于抓住这些节点，跟上重大事件的节奏，才能够达到移步换景的效果，形成连续出击的声势。

例 1-19 2008年5月12日，四川省汶川县发生8级强震。作为《唐山大地震》的作者，钱钢持续关注灾情，并连续发表了10篇评论。汶川地震，就有几个重要节点：地震发生、救援队伍进场、灾民情绪波动、救援人员苦撑、救援黄金期耗尽、遇难者头七、舆论反思等。

我们看看钱钢的这组评论是怎样随着汶川地震的演变过程而变化的：地震刚刚发生，有救援黄金72小时的说法，所

以这时候最重要的事情就是抢救生命。于是5月13日，钱钢写了第一篇评论，题目是《现在是解民于倒悬的关键三天》，用来表达"没有什么比抢救生命更急迫"。

5月14日，钱钢发表了第二篇评论，题目是《救灾指挥：心要热，头须冷》，评论重点从抢救生命转向了救灾指挥。当时救灾队伍已进入汶川，可能会出现紊乱壅塞、指令重叠或冲突等现象，所以强调救灾指挥心要热头须冷。

5月15日，此时"最关键的三天"已经耗尽，灾民情绪出现起伏，需要政府以最大的仁厚包容，第三篇评论《以最大仁厚面对灾民情绪》也出来了。

5月16日，救援队伍已经在灾区奋战了近100小时，作者作为一名老兵对兄弟们表达了深深的敬意和鼓励，发表了第四篇评论，题目是《咬牙挺住！我的士兵兄弟》。

接下来的几篇文章分别关注第七天发起救灾总攻、历史视野中的四川大地震、纪念逝者、震区抗疫、堰塞湖溃决以及妥善保管地震观测资料。

每一篇评论都刚好贴合了汶川地震的重要节点，接连出击，让用户对汶川地震的援助举措和各方力量有更加深刻的认识。当时这组评论在《南方都市报》、财经网等多家媒体刊发，影响很大。

这个例子给我们的启示有两点：第一，重大事件提供的评论选题不是一个而是一组，要随时关注，善于挖掘不要浪费；

第二，重大事件发展变化过程中会有若干节点，也就是阶段性重点，抓住这些节点就找到了好选题。

我们掌握重大事件的进程，既要看官方媒体，也要看社交媒体，因为两者角度不同，可以互为补充，有助于我们全面了解情况，找准选题。

（二）摸准社交媒体情绪，把问题摆上桌面

当今是社交媒体的时代，微博和微信朋友圈成了信息的集散地，做评论的人绝对要盯住这块。当然，对于严谨的自媒体和机构媒体来说，微博和微信朋友圈里的信息，我们要先求证才能使用，还要密切注意官方媒体的动向，一有机会就迅速抓住。

例1-20 从2020年3月5日下午起，朋友圈就有人转发视频，内容是中央指导组在武汉市青山区翠园社区开元公馆小区考察时，不少业主直接从窗口向楼下的指导组喊话："假的，假的！""形式主义！"

这当然是个很好的评论选题，但没有机构媒体报道，当天晚上的央视《新闻联播》也没有提及这个细节，所以我也没有动笔。

后来人民日报客户端转发了一个名叫"陶然笔记"的公众号的文章，里面提到这件事情。第二天下午，"南方+"根据这篇公众号文章发表了一篇评论，我觉得可以动手了，就组织发表了评论,题目是《一声声假的喊出了真民意》,阅读量很快突破百万。

业主向中央指导组喊话,反映的主要是社区物业假装让志愿者送菜送肉给业主,实际工作不到位的情况。你想想,武汉市民因为封闭式管理已经在家憋了一个多月,情绪肯定好不到哪里去,社区物业这样弄虚作假就是火上浇油,中央指导组到了社区,还能不趁机反映一下?

很多时候,这种社会情绪最初只能宣泄在社交媒体上,我们做评论一定不能忽视社交媒体。信息真伪一时难以判断,评论时机一时难以把握,但要做好精神准备,随时把问题摆上桌面。

当然,我们可能还会遇到另一种情况,那就是社交媒体上传播的事件始终没有机构媒体去求证和呈现,那我们是不是只能放弃呢?未必。

我们可以绕道而行,用一个问题把这些事件带进来但不展开,只列举现象但不具体说明,这样既能规避事实核查,又能抓住评论选题。

在这个社交媒体发达的时代,很多事确实发生了并且有图为证,并非完全查无实据,只是从程序上没有得到权威媒体的认证而已,对于这样的题材是可以变通使用的。

这种做法是我从《人民日报》的"人民锐评"学来的。

例 1-21　2020年2月17日的《疫情防控别走极端》这篇文章里面提到了疫情防控中的一些极端做法。比如，为阻止村民聚会，到村民家中砸毁麻将桌；为防止人员进出，在密切接触者家门外安装铁栏；在通村路口私设关卡，一律禁止车辆人员通行；任意扣留经过本地的防疫物资；不允许外出工作人员返回小区；等等。

这些做法有的其实没有媒体正式报道，但放在疫情防控中的极端做法这个问题之下，就是很好的例证，并且免去了求证的麻烦。根据这些例证立论，就抓住了社交媒体的情绪脉搏，成就了一个好选题。

(三) 运用专业知识把常规选题写出新意

其实大部分评论选题都很寻常，但如果能把寻常的选题写出新意，就成了好选题。

把常规选题写出新意，要把握两点：一是要养成于无疑处有疑的习惯，也就是要在别人不怀疑的地方敢于提出问题，这是卓尔不群的前提；二是要厚积理论功底和实践知识，这是推陈出新的底气。

三、有利于捕捉到好选题的三件事

(一) 读万卷书，增加学识

我读书的范围比较广，文学、历史、哲学、政治、经济、社会等领域的经典著作都尽可能去涉猎。其中，我认为自由主义经济学素养很重要，它会帮你矫正一些似是而非的观念。

我们处在一个尚未彻底摆脱计划经济思维的国家，有些时候甚至过于浪漫主义，产生一些违背经济和社会发展规律的想法和做法，而以最大限度发挥市场作用为核心精神的自由主义经济学思想就是清醒剂。

例 1-22　有些地方禁止牛肉面涨价，理由是不利于消费者，甚至有些评论还为禁令点赞。如果我们运用经济学常识加以分析，就会发现这样做是很可笑的，像牛肉面这样的完全竞争领域，政府根本不应该去干预价格，并且干预价格的结果是使牛肉面分量和质量下降，反倒不利于消费者。

《南方都市报》就这个问题发表过评论，指出面对一个由资金推动的资产价格普遍上涨的新经济环境，有关方面应该意识到粮食价格的上涨是大势所趋，原材料价格大幅上扬，而终端消费品价格保持不变，才是非正常的现象。所以说，要读万卷书，来形成我们看待事情的基本认知。

（二）行万里路，增加常识

写评论的人不能光坐在书斋里，必须广泛接触社会，了解人情世故，这样写出来的文章才不会闹"晋惠帝何不食肉糜"式的笑话。

例 1-23　北京一些老旧四合院里的居民很想拆迁,有些所谓文化保护主义者就说房子不能拆,居民也不能走,应该留下来给游客参观。持这种观点的人不知道住在这里有多难受,甚至把自己的闲情逸致建立在别人的痛苦之上,这就是没有生活常识的表现。

在评论之前,一定不要忘记从常情常理特别是对方的角度考虑问题,这样才能周全公允。

(三)养浩然气,增加胆识

有些评论选题不在于能不能写,而是看你敢不敢写。孟子说,"善养吾浩然之气"。我们愿意做那个大胆指出皇帝什么都没穿的孩子吗?这是对评论人的一大考验。我想,至少也应该虽不能至,心向往之。

小结:

如何找到好选题?

第一,好选题有三大特征,分别是公共性、稀缺性和匹配性。

第二,找到好选题有三种方法,分别是:跟上重大事件节奏,在变化中找到选题;摸准社交媒体情绪,把问题摆上桌面;运用专业知识把常规选题写出新意。

第三,要想做好评论需要一直坚持做三件事,分别是:读万卷书,增加学识;行万里路,增加常识;养浩然气,增加胆识。

第三节 写出独家评论的技巧

评论是个思想市场,同样遵循市场规律,越是独家的评论越是有号召力,因此,写出独家评论是评论人应有的追求,而发布独家评论也是平台竞争的秘密武器。

一、什么样的评论才算是独家评论

我认为看评论是否独家,可以从选题、观点和作者三个维度来定义。

(一)选题独家

选题独家,也就是对某个选题进行评论的媒体仅此一家,别无分店。能做到选题独家,或是因为眼光独到,能看到别人看不到的问题;或是因为条件独特,能评论别人不能评的问题。

因为条件独特而能写出独家评论,可复制性不强,所以我们主要来说说,眼光独到。

例1-24 我们之前提到的关于"关注一线女性医护人员生理需求"的评论的选题来自微博博主@梁钰Stacey的一条博文,她询问向女性医护人员捐助卫生巾与安心裤的事情,并在网上发起捐赠活动。有人在微博评论中提出质疑:"现在捐什么安心裤,人家医生护士更需要的是口罩防护服好吧。"我们的一位女评论员很敏感,意识到很有必要矫正这种错误的认知,就写了这篇评论,阅读量达到 45 万+,发布的时候,类似角度的评论我还没见到。

虽然说这种独到的眼光,需要知识和经验的积累,但其实有时候,只需要尊重常识就够了。给抗疫女性医护人员捐赠卫生巾的案例,用到的常识就是:男女有别,考虑问题不能只从单一的本位角度出发。

所以大家挖掘一个选题的时候,可以先收集一下同类话题,看看已经有哪些评论的角度,再去思考,是否还有些重要的角度被忽视了。这个重要但是被忽视的角度,就是眼光独到的角度了。

(二)观点独家

观点独家,就是同样的选题写出与众不同的观点。

这也是非常考验评论人功力的地方。人云亦云在这个互联网时代没意思也没传播力,但为独家而独家甚至哗众取宠也不可取。

所以在我看来,观点独家,不仅要让人耳目一新,还要让人深以为然。

例 1-25 2005年7月11日,《南方都市报》报道了阿星杀人事件。阿星从15岁开始就在深圳的"广西砍手党"团伙里做饭炒菜,却一直拒绝同流合污。后来他远离"砍手党"团伙到工厂里打工。因为旷工一天,工厂主管辞退了他,不但克扣工资,还出言羞辱,阿星一怒之下把主管杀了,随后自首。

当时公众和很多媒体都同情阿星的遭遇,觉得这是社会底层人士的无奈之举。但我们认为,泄愤杀人和个人遭遇是两码事,要区分来看,一个是法律层面,一个是社会层面。

所以,第二天,《南方都市报》就发表了社论《阿星杀人,不要让悲情遮蔽血腥》,来纠正公众谴责社会、同情阿星的舆论导向,指出阿星杀人泄愤是不对的,解决社会问题,要恪守理性和法治。

这一观点在一片悲情声中是比较独特的,当然也有人提出了不同的声音,认为需要恪守理性和法治的不只是阿星,还有被杀的主管。

我的体会是,能够引发商榷的观点通常是比较独特的,但这种独特又能自圆其说,本身具有很大的认知价值。

比如对待阿星事件,《南方都市报》是在社会矛盾丛生的形势下,倡导理性和法治,这种观点就具有价值。

它能让人透过事件本身,看到更多的层面。要做到这一点,需要我们在热点事件面前冷静思考,不被社会情绪裹挟。

(三)作者独家

言论市场也认人、认品牌,意见领袖就是言论品牌,都是香饽饽,媒体争相向他们约稿,有了名家的稿就有了流量。特别是那些在专业领域已经有了一定的成就,愿意为公共事务发声的学者,他们往往能给读者带来特有的阅读期待。

例1-26 社会学家孙立平以著名的中国社会三部曲《断裂》《失衡》和《博弈》为公众所熟知,他就经常对社会问题发表评论。

南都公众论坛曾经几次邀请他来演讲,场场爆满,现场提问踊跃。可以说,孙立平就是思想界和言论界的明星,拥有众多粉丝。他本身已成稀缺资源,哪个平台能请到他来发声,就是独家,就是流量的保证。

媒体请意见领袖要注意什么呢?

一位学者说过,学者对公共事务发声,前提是他在自己的专业领域要有公认的成就,这样才能更有说服力,否则可能会被认为是不务正业,为了吸引眼球博得虚名。

我觉得这是一个重要的提醒,我们请学者写稿或演讲时,应该仔细甄别他们为公共事务发声的初衷。

而对于正在学习评论写作的同学来说,也要努力成为自己领域的独家作者,但一定是要建立在专业技能之上,不要为了出名博眼球而放弃底线。

二、怎样写出独家评论

(一)"出圈":善用价值观念差异,把少数群体的主张放到公共领域中来

我们生活在一个文化多元的世界,不同群体既有一些共享的价值观念,也有一些特有的价值观念。理想状态是不同群体能彼此包容,可惜现实中,很多人会歧视甚至敌视与自己观念不同的群体。

所以,把少数群体的主张放到公共领域中来,不仅是写出独家评论的手段,也是不同群体增进了解、和谐共存的需要。

例1-27 单身女性有没有生孩子的权利呢?对于结婚生子的主流群体来说,单身生子绝对是少数派,并且还处于权利争取阶段。

《南方都市报》曾发表社论,题目是《保障单身女性生育权,有助于延长人口红利期》,明确支持单身女性生育权。

这篇社论并非突发奇想,而是注意到当时《吉林省人口与计划生育条例》明文允许单身女性通过辅助生殖手段生育

孩子，好像吉林省至今还是唯一一个做出这一规定的省份。虽然尚未进入实际操作，但有权利不用和有没有这个权利，是两个问题。

这里提醒大家一点，把少数群体的主张放到公共领域中来，需要包容但不能无原则，不能陷入相对主义的泥潭，否则写出来的文章就失去了立场。

我们写独家评论不是为独家而独家，必须以坚守正确的价值观为前提。

例 1-28 Papi 酱在大家心中一向是"时代新女性"的代表，所以当网友听到 Papi 酱的孩子随老公姓胡时，一些扛着女权大旗的人就开喷了，说她独立女性人设瞬间崩塌，是一头"婚驴"。

本来伸张女权，是对男性霸权的反抗，价值不容忽视。但凡事过犹不及，在孩子跟谁姓的问题上闹得势不两立，完全是走火入魔。这样的女权已经成了女性霸权，失去了男女平等的真意，虽然是少数派的意见，但也应该予以批判。

单身生育权也好，女权主义也好，这些议题都属于亚文化圈层，我们可以有意识地去了解他们的诉求和主张。当然，亚文化圈层也很庞大，我们不可能都去接触，我的建议是可以只选择那些关乎平等与自由的议题，比如性别、职业和疾病等。

总的来说,"出圈"就是看到别人不看的,让问题浮出水面。与此相比,看到别人不知道的,让问题走出盲区,更加考验评论人的积累,包括认知水平和资料储备两个方面,这也是我接下来要和大家介绍的。

(二)"捞干货":培养独到的认知,看到别人不知道的问题,进行价值的启蒙和知识的传播

在评论的价值启蒙方面,大家最熟知的可能就是《新青年》了。这本新文化运动中的代表性刊物,坚持启蒙主义立场。比如陈独秀写的《敬告青年》这篇文章,提出对青年的六点希望,分别是自主的而非奴隶的、进步的而非保守的、进取的而非退隐的、世界的而非锁国的、实利的而非虚文的、科学的而非想象的。

这些观念在当时来说是振聋发聩的,它让青年走出现代认知的盲区,价值启蒙的色彩非常强烈。

回到当下,我们在评论中进行价值启蒙时,需要注意两点。

1. 提高认知水平

观念的改变往往依赖知识的更新,我们要有意识地提高自己的认知水平。比如陈独秀在《敬告青年》中论证自己的观点时,就罗列了不少西方的历史、哲学和科学知识,在价值启蒙的同时也传播了知识。如果没有独到的认知,陈独秀是写不出这篇赫赫有名的文章的。

所以,我们要培养自己独到的认知,学会把问题带出盲区,通过科普或其他方式启发大家思考。

2. 提高启蒙胆识

虽然今天人们的知识水平有了很大的提升,但这并不意味着就不需要接受启蒙、获得新知。更糟糕的是,很多人似乎是甘愿把自己置于畸形的观念陷阱中,已经到了是非不分的疯狂地步。老实说,写评论批评这类人有捅马蜂窝的风险,但出于治病救人的善意,我们还是应该写。

例 1-29 有的明星粉丝身为教师,却在课堂上发动小学生来为偶像应援,那种痴迷劲儿让人咂舌。《南方都市报》曾就此发表评论,题目是《带着小学生应援的老师已经不适合在校园工作》,指出老师的喜好可能在不经意间塑造孩子的认知,而商业应援的那一套显然不适合带进校园。孩子们不能成为别人的赚钱工具。

类似明星与粉丝的关系问题,已经不是无关痛痒的八卦新闻,而是必须重视的社会问题。非理性追星行为暴露的是心灵的扭曲和头脑的蒙昧,很有必要予以矫正。评论人应该当仁不让,通过反复言说去叫醒沉睡的人。拥有这样启蒙的胆识,再加上独到的认知,在我看来,就是独家评论了。

（三）"带私货"：找到独家的资料，在评论中充分释放特定选题的信息含量

在之前我们讲成为目标领域专家时，提过资料积累的问题，但这些资料不一定是独家的，只要有心收集，谁都可以拥有。这里讲的独家资料是真的独家所有，拿到了一手资料，根据这些资料写出的评论自然就是独家评论。

例 1-30 2003 年 4 月 25 日，《南方都市报》刊发独家报道《孙志刚之死》，在国内第一个披露了湖北青年孙志刚在广州街头找网吧，因没有暂住证也没带身份证被带进派出所，后被送到收容所遭打致死的全过程。报道引发对收容制度的热烈讨论。

5 月 27 日，《南方都市报》再次就收容制度推出四个版面的特别报道，长篇述评《收容制度六问》，以理性的态度和铿锵的力度全面深入审视收容制度问题，令人印象深刻。

这篇独家评论完全依托于独家报道，还有作者专门收集的法律条文、专家意见和相关案例。正是因为掌握了独家的资料，才能使收容制度这个选题的信息含量充分释放，包括收容制度有没有合法性、收容执法究竟有没有监督机制等，可以说，这篇文章一出，关于收容制度的评论基本可以不用再写了。

我的体会是，报道和评论要联动，尤其是独家报道本身往往会形成一个话题，近水楼台先得月，有这么好的"私货"

可带，评论一定不能错过。

当然有个问题，现在独家报道特别是独家调查报道越来越稀少，依托独家报道的独家评论也就越来越稀少。在这种情况下，需要评论人具备调查记者的技能，哪怕是书面调查，也可以写出很好的独家评论。其实当时孙志刚案的《收容制度六问》中的大量资料，就是作者书面调查得来的。

找独家资料的方法，和普通的收集不一样，它带有更强的研究性质，需要阅读一些相关的著作，或者到专门的学术网站去查阅论文，这样才能对所研究问题有比较专业的把握。用一句话来概括就是：业余身份，专业水准。

三、怎样向评论大家学习

什么是评论大家？

下定义太枯燥，还是直接让大家见识一下真人。之前我们已提到几位，比如梁启超、陈独秀、胡适等人，其实光是中国的评论大家就可以列出长长的一串。他们的作品具有鲜明的个性，是学写独家评论的样板。

那么评论大家有哪些地方值得学习？我认为可以从以下三方面着手。

（一）学习系统思维

学习评论大家的系统思维就是要用普遍联系的方法看问

题,而不是孤立地、片面地看问题。

我们可以从一些常见的问题入手进行系统思维训练,尝试从不同的角度和层面思考,把自己思维的圈子扩大再扩大。

例 1-31 2020 年 2 月新冠肺炎疫情期间,湖北一家药房将进货价为 0.6 元每只的一次性劳保口罩,以 1 元每只的价格卖出,购销差价超过了当地规定的 15%,监管部门以涉嫌哄抬价格为由,对药店进行了罚款,并没收违法所得。此事引发巨大争议,大多数人都认为处罚不合理。

疫情期间,一些不良商家趁机哄抬物价,大发国难财,监管部门严查当然是好事。但是不管定价是多少,都要求购销差价不超过 15% 的规定,合理吗?

我们放下自我本位,再运用经济学常识想想,商业流通是需要成本的,如果进价 6 毛的口罩,购销差价不超过 15%,那卖一只口罩的利润不能超过 9 分钱,药店就可能因为利润微薄而不愿意卖口罩,结果只能使口罩的供应更紧张了,这就得不偿失。

你看,从避免哄抬物价这一个点出发,监管部门的措施确实没问题。但从经济学的知识网络出发,去看待这一措施,就会发现新的问题了。所以说,要培养系统思维,我们需要从一个网的角度,去看一个点。《南方都市报》的评论《处罚"进六毛卖一块"何以引发争议》就是循着这样的思路写的。

因此，用系统性思维看问题，就要求我们不能把思维局限于一个点，而要延展到一条线、一个面甚至一个体。比如费孝通提出的重视小城镇建设，他就不光是从小城镇这一个点上来谈，而是从城乡资源这一个面上来看待问题，他认为小城镇在促进城乡资源要素流动方面具有连接作用，所以小城镇的建设非常重要。从一个网的角度看一个点的地位，这就是系统思维的体现。

（二）学习历史思维

除了系统思维，我们还需要学习评论大家的历史思维。历史思维就是要动态地、纵深地看问题，不能局限于一时一地。如果说系统思维可以扩展空间的广度，那么历史思维就可以延展时间的深度。

如何将历史思维运用到评论写作上呢？

例 1-32 专栏作家十年砍柴对中国历史掌故比较熟悉，在评论时事的时候往往能与历史联系起来，给人的感觉就像把镜头拉长，信息量相当大。

比如，2008 年 4 月 29 日他在《南方都市报》发表专栏文章，题目是《杜长平们这四年改正了什么》，批评同一个地方在四年间发生同样的悲剧，而主管官员居然一直岿然不动。他由此想道："在明清时期，如果发生这种恶性事件，面对汹汹物议，当事官员早就辞职了，绝对没有继续干下去的勇气。

明末那样政治腐败,一些高级别官员,在言官指责他们德才不配为官时,没有证实之前,他们都先辞职以示清白。"言外之意是什么,就不用说了。

用历史思维写时事评论,当然需要熟悉历史,并且历史和时事有可比性,比如同为官员的羞耻感问题,这样才能有以史为鉴的效果。

写评论要有历史思维,还有一点要注意,不能只以自我和当下为标准,要尊重不同主体的历史,理清相关问题的脉络,这样才不会以己度人、以今非古。在评论国际关系问题比如中日、中美关系时这点尤为重要。

(三)学习批判思维

钱理群认为知识分子有三种取向:一是宣传;二是解释;三是批判。我们这里不进行对比,只强调作为知识分子的评论人不能放弃批判思维。这种批判思维是一种逆向思维,我们要认识到,事情存在有它的原因,但它们未必就是合理的。为了推动现实趋向完美,我们就要坚持对现实的批判。

学习批判思维,我首先推荐精读鲁迅杂文。要论对中国历史和现实的批判,大概没有谁比他更深刻、更犀利。更重要的是,鲁迅不像胡适那样对政治有一套自己的设想,在他看来,所有的救世药方都有缺点,而他自己也没有更好的药方,但这不能剥夺他批判已有药方的权利。

永远不满足,永做啄木鸟,就是我们需要从鲁迅这样的批判主义者身上学习的精神。当然,我们所写的绝大部分批判性评论,其实都还没有这样的深度,也不必追求这样的深度。但我们要明白批判思维的最高境界是什么。

训练批判思维,有一种最简单的办法就是换位思考,当你对某种现实感到满意的时候,要多想想境况与你不同的人又会怎么想。写评论时尽量少讲只要如何就能如何的话。

小结:

怎样写出独家评论?

第一,独家评论有三个维度,分别是选题独家、观点独家和作者独家。

第二,写出独家评论有三种方法,分别是"出圈""捞干货"和"带私货"。

第三,要向评论大家学习系统思维、历史思维和批判思维。

第四节 算法时代找选题的攻略

为什么要单独讲算法时代怎样捕捉好选题呢?因为我们正处在移动互联时代,算法对于评论写作来说,既有有利的一面,也有不利的一面,怎样趋利避害是很有讲究的。

我曾经参加过一个评论内部研讨会,主题就是"算法与看法"。当时在会上,大家达成了两条共识:一是文章写得再好,如果没有流量就意味着没人看,在精准传播时代也就失去了意义,因此,我们评论的选题不能排斥算法。二是选题不能一味迎合算法,虽然当下算法尚未完全操控选题,但还是应该引起警觉,努力规避负面影响。

那在算法时代,我们要如何找准选题,做好评论呢?

一、算法对评论选题的影响

(一)流量逻辑使选题更加数据化

大家对此应该都有直观的感受。我们在之前提过看热搜找选题,其实就是参照流量确定选题。这里的逻辑链条是:社交媒体关心什么,我们就评论什么,评论也会被社交媒体关心,从而获得阅读量或流量。

这样做当然没问题,因为我们看热搜找选题是有选择的。不可能条条热搜都拿来评论,也不是条条都值得评论。做什么选题,热度只是其中一个参考标准,还要看作者的兴趣特长和平台的调性。

例 1-33 2020 年 5 月 21 日下午 6 点的微博热搜,多达 50 条,前 10 条中有两条是娱乐新闻,#郑恺苗苗结婚#、

#魏晨评论俞灏明#，除非是专门写娱乐评论的，否则首先可以排除掉这两条。排在第一位的是#建议有性侵记录者不得从事未成年人工作#，这是很有严肃评论价值的一个选题，适合大多数机构媒体和关注这个问题的自媒体。

热搜榜单就是机器算法的结果，主要参数就是话题的流量。而流量来自用户，反映的是用户的偏好。简单来说，就是更多用户关心什么，什么就能冲上热搜，并且高居热搜榜的顶端。

这往往就会带来一个问题：只做更多用户关心的话题，是不是就行了呢？我认为不行。

因为用户的关心总是存在盲区的。

众所周知，热搜是基于算法推荐的，有些大部分人不关心或者关心不到的问题，算法就很少推荐，自然就很少有机会被看到。

但评论人不能不关心，因为只有少数人关心的话题并不意味着就缺少公共价值。作为铁肩担道义的评论人，如果只在热搜上找选题，就难免被热点牵着鼻子走了。

所以我们找评论选题，不能仅看流量，而应该只把流量作为一个参考。

（二）精域流量使选题更加分众化

什么是分众化呢？简单来说就是媒体越来越看重精准的

流量，以往那种以大胆犀利、批判见长的猛评论，即便阅读量再大，也不太受到鼓励了，因为这种流量没有用户挖掘和运营的价值。

所以，写评论时要有用户意识，也就是从找选题开始，就要明确评论是写给谁看的，对方看了会有什么反应，只要精准抵达想要影响的人就行。

为用户写评论，比较典型的例子就是智谷趋势。

当然，智谷趋势在初始阶段也是全力做大流量和粉丝，达到一定规模之后开始进行用户识别和精细化运营。它的定位是你的首席财富情报顾问，专注于为用户提供投资理财咨询服务，所以它的内容团队很清楚文章为谁而写，写什么、怎么写都要围着用户转。

有人可能会说，智谷趋势的文章是评论吗？当然是，并且是格局很大的评论。在上一章节中，我曾给大家简要分析过智谷趋势的两条文章标题，这里再拿它的一篇文章做个例子，看看它是怎样为用户写评论的。

例 1-34《不提 GDP 增长目标！政府工作报告发出重大信号，99% 的人都想错了》这篇文章是 2020 年 5 月 22 日发布的，从选题看是很标准的政经评论题，写法上也是正儿八经的分析，在引述了官方的说法之后，指出中国并不是真的不注重经济增长、没给出量化指标。但和一般的政经评论不同，它在文章结尾写道：企业、家庭最终将获得多少，我们拭目以待。所以说,分析了一番之后,最终的落脚点,还是在智谷趋势的用户或读者能获得多少上。

为了更清楚地说明为用户写作问题,我们再把智谷趋势的这篇文章与《人民日报》的同题评论做个比较。

因为平台属性不同,《人民日报》的标题是《不设GDP目标,更加务实灵活应对不确定性》,没有前者那样惊悚。更重要的是从写法上,《人民日报》这篇评论没有特别的用户倾向,只是分析了不设GDP目标的原因和意义。这篇评论的浏览量有35万+,恰好是前者的10倍,但应该是泛流量而不是精域流量。这就是区别。

(三)资本影响使选题更加被动化

有些看上去不乏公共讨论价值的话题,其实是有商家在幕后推动。他们或者是借此直接抬高自己,或者是借此贬低竞争对手。

我们写评论,如果选这样的题,被人当枪使还不知不觉,了解真相后可能会追悔莫及。所以评论人对此要保持警觉,要不忘公心,以免被利用。

例1-35 甲电商说乙电商搞二选一是不正当竞争,乙电商引经据典说不是。这个评论怎么写?其实甲乙双方都能为自己的主张找到一些法律依据,好像公说公有理、婆说婆有理。我们可以选择支持一方观点,只要能自圆其说就行,也可以跳出非此即彼的选边,提出让法院去裁决。《南方都市报》2019年11月6日的社论就是《电商平台二选一争议:口水战不如法庭见》。

所以当网上的口水战出现时,我们千万要留神,要弄清真假是非,不能贸然下场为一方助阵,否则就会陷入为资本操控的被动局面。

那么该怎样识别有没有资本在背后操控呢?

首先,要对公关战最常发生的领域有所了解,主要是互联网行业,并且把很多传统行业都裹挟进来了,比如电商平台之间的对抗就把家电厂家也拉上了。

其次,要看是否存在将行业性普遍问题引导至特定竞争对手身上的现象。资本的常用手法是通过第三方营销机构,炮制假新闻或抹黑性信息作为内容源,再通过水军账号进行恶意传播,达到伤害竞争对手的最终目的。

对于这些手段,我们要提高警惕,否则跟着评论,就很傻很天真了。

算法对评论选题的影响,有正面有负面也有难分正负的,我们的一个原则肯定是排除负面影响,利用好正面影响。

二、怎样排除算法对选题的干扰

(一)拒绝算法推荐明显却没有意义的热点

先要明确一点,意义是相对的,同样一件事,对你没意义,对他就有意义。写评论通常强调的是公共价值，着眼于是否有利于提高公共生活的品质，比如让社会更加公正，让经济更加繁荣，让个体更加自由等。基于这样的出发点，你也就可以对选题进行甄别。

前面提到过 2020 年 5 月 21 日下午 6 点的微博热搜，前 10 条中有两条是娱乐新闻，除非是专门写娱乐评论的，否则首先可以排除掉。排除掉这两条并不代表我歧视娱乐新闻，只是因为我不关心，我所在的平台也不关心。当然，如果这些娱乐新闻背后涉及更深层的社会问题，就要另当别论了。

（二）不要只看新闻媒体

找选题要看新闻客户端和微博热搜，也要善于利用社交媒体。这些平台大体上都可以归类为新闻媒体，算法推荐已经成为通行做法。

现在是万物皆媒的时代，媒体已经远远不局限于新闻媒体了。个人或非传媒机构的官方网站、微博和公众号也是媒体，这些媒体不一定使用算法，却一样可以成为评论选题的来源。

例 1-36　最高人民法院官方公众号在 2020 年 1 月 28 日发布署名文章，题目是《治理有关新型肺炎的谣言问题，这篇文章说清楚了！》，引发大量关注，包括《南方都市报》在内的多家媒体跟进评论。

最高人民法院的官方公众号是媒体但不是新闻媒体,这个平台发布的内容其实代表了最高法的意见,因而具有相当权威性,在这种声音稀缺的情况下,我们就应该抓住机会做做文章。

再比如一家研究中心的公众号在 2020 年 3 月发布了一篇关于民企反映金融政策无力的调查报告。《南方都市报》据此发表了一篇社论,题目是《直面企业诉求,让纾困措施更有实效》。

这两篇机构号发布的文章,最高法那篇阅读量是 10 万+,后面那篇只有 500+,因为后者缺乏被传媒引爆的机缘,但这并不等于说后者就不重要。民企纾困的重要性怎么强调都不为过。因此,找选题时也要会烧冷灶,不单以流量判定价值。从某种意义上讲,这也是用价值观干预算法。

所以,我们要尽可能多关注一些机构的公众号,包括政府、高校、科研机构以及社会组织甚至知名企业。这类平台上发布的内容不一定会被传媒记者注意到,但评论人应该心里有数,可能一个非常重要的选题正"养在深闺人未识"。

(三)从调研中发现选题

评论人要有"调查记者"的精神,不少大评论就是跑出来的。

例 1-37 经济学家周其仁的医改系列评论《病有所医当问谁》就是一线调研的结果,他说他从来就不习惯以论点对论点、拿看法驳看法——那似乎只不过是打口水仗而已。他比较倾心的,还是"查证现象、检验论断"。

查证现象、检验论断,就是调查研究。

例 1-38 经济学家张五常的《新卖桔者言》也是一部跑出来的评论集。

作为一个研究价格理论的人,为了理解玉石市场的运作,他曾经在香港卖过玉;在美国研究原油价格时,他曾到油田及炼油厂调查了好几个月;在美国华盛顿州研究蜜蜂采蜜及替果树做花粉传播的市场时,他常去果园和养蜂场。

张五常在书中说:"行内众君子写的'实用'或应用经济学,一般是以理论分析为起点,然后引用真实世界的例子做示范。我是倒转过来,先以一个自己认为是有趣的真实世界现象为起点,然后用经济学的理论分析。看似相同,这二者其实有大差别,前者是求对,后者是求错。"

经济学家虽然是在做研究,但研究成果以通俗的评论来呈现,因此他们的方法对我们怎样找选题很有启发意义。写评论,不能仅仅局限于媒体呈现的热点,真实世界大有可为。

三、怎样利用算法加持选题

找选题不能完全让算法说了算,但也不能排斥算法,只要利用得当,算法还是有助于找选题的。利用算法找选题有以下三个技巧。

(一)提高用户意识,强化选题的针对性

评论的用户意识,一是清楚评论写给谁看,二是明白目标读者的需求,三是量身定做、精准抵达。

不论是机构媒体还是自媒体,评论要想满足用户需求,就要先确定大众媒体的垂直化运营思路,也就是要主动去找读者和用户,确定一个具体领域,然后以用户需求为选题提供评论。

评论能为用户解决的无非是"是什么""为什么"和"怎么办"这三个问题,最低纲领是让用户有同感,最高纲领是让用户受启发。难点在于找到面目清晰的用户。

为了顺应这一趋势,我们在寻找评论选题时会尽量明确评论所要影响的对象,比如政府的某个部门或者行业组织,希望能够对相关决策起作用。

南方都市报在 2020 年推出一个叫"记者帮"的产品,评论也参与其中了。基本思路就是接受居民投诉、走访相关部门、推动问题解决。比如某个路段很不安全,曾经发生交通事故,我们写评论的目标读者很明确,就是该路段的负责部

门,呼吁他们积极解决问题。实践证明,效果还是不错的。

媒体越来越凸显自己的连接作用,评论作为媒体产品的一部分也不能例外。这种连接不再是传统的那种模糊连接,而是可以精确到人的清晰连接。"记者帮"连接的就是特定居民和相关部门。影响有影响力的人,影响能做决策的人,包括政府、企业、个人,是为用户写作应该追求的目标。不论你是在机构媒体从业,还是在做自媒体,找到这种与用户的连接都很重要。

(二)借助流量意识,强化选题的有效性

一篇评论写得再好,如果没有流量,那么其发挥的作用就会越小。因此,在选题阶段,我们就要适当保留"流量意识",想想评论写出来有没有人看。

怎样预估评论有没有流量?

首先,要看选题本身有没有流量,也就是受不受关注,具体方法在之前找选题的思维准备时已经写过,要看微博热搜话题和新闻客户端的热点。

其次,前面也提过,现在媒体更需要的是精域流量而不是泛流量,一万个人点赞不如一个人下单。所以有效性要看阅读数更要看阅读者,看阅读者是否有影响力,是否能做出正反馈。比如某个路段很不安全,经常出现交通事故,我们写评论呼吁相关部门解决问题。虽然显示的阅读量不过一两千,但因为相关部门的领导甚至更高层的领导

看到了,并且推动解决了这些问题,那么这篇评论就被认为是成功的。

这背后的逻辑就是,影响了有影响力的人,就意味着有了想象空间,这比来自面目模糊者的喝彩更有用。

怎么做到这一点呢?评论要与所属机构媒体协同,尤其是要有特殊通道,可以把评论直接推送给目标用户,并有相应的反馈机制。这个时候,写评论就不是一个人在战斗了。比如为部门出台政策写评论,如果评论能被决策者看到,并能把决策者的意见反馈回来,那么这样的信息传递渠道就是畅顺的,媒体与用户之间就是强连接。

(三) 用靠谱的数据意识,强化选题的客观性

数据意识,就是需要我们的选题有客观数据支撑,这些数据可以是大数据,也可以是传统的调查数据、统计数据等,有了客观数据,写这样的选题才不会空对空。

例1-39 《21世纪资本论》的研究就是运用了现有的统计数据,它的问题和结论都有数据做支撑。作者托马斯·皮凯蒂也在书里说过:"如果没有精确定义的数据来源、方法、概念,我们可能会看清一切,也可能一无所获。如果我们能够耐心地收集案例和样本,冷静地分析相关经济、社会以及政治机制,就可以聚焦正确的问题。"

做研究和写评论的道理是相通的,数据的重要性首先体现在它会呈现真实的问题,这是研究和评论的前提。

例1-40 财新网2020年5月21日发布的一篇评论的题目是《订单不足企业超五成:4月出口超预期仍有隐忧》。当时海关总署公布数据,显示2020年4月,我国出口同比上升3.5%,较3月而言大幅回暖。但财新网评论员根据海关总署公布的数据发现:当前反映订单不足的国内企业占比已高达57.7%,所以4月出口增长并不均等,"亮眼"的数字,掩盖了大多数以出口为导向的行业所面临的困境。

数据会说话。当我们要了解某方面的总体情况时,找数据是最直接最靠谱的途径。数据的来源有政府部门、研究机构和行业组织等公开发布的资料。有了数据就能做出判断,也就有了评论选题。

数据对评论选题的加持还有一种方式,就是通过看数据研究报告发现选题。这种方式虽然是间接的,但选题绝对是真问题。

例1-41 2020年3月3日,《南方都市报》发布了对广东中小企业复工复产情况的调查报告,报告显示虽然疫情带来严重影响,但近2/3的企业认为疫情会促使中小企业加快业务模式创新或产品创新。

于是我们根据报告发表了社论《稳妥推动复工复产，危中觅机挖掘经济新动能》，重点围绕疫情促使企业创新进行论述，指出复产不是简单回到岗位，危中觅机、挖掘经济新动能，可能是企业更应该着力之处。

数据研究报告当然有结论，但结论不是评论，所以评论还是有价值的。多看研究报告，多关注研究机构、行业组织的成果，对写评论是大有好处的。

小结：

算法时代怎样捕捉评论选题？

第一，算法对评论选题的影响，表现为：选题更加数据化、更加分众化、更加被动化。

第二，怎样克服算法对选题的干扰？方法有：拒绝无意义的热点、不要只看新闻媒体、在调研中找选题。

第三，怎样利用算法对选题的加持？技巧有：用户意识可以强化选题的针对性、流量意识可以强化选题的有效性、数据意识可以强化选题的客观性。

第二讲
怎样庖丁解牛,用核心论据说服他人

沈彬:澎湃新闻首席评论员、复旦大学新闻学院业界导师。作为一名前法律人,抽丝剥茧、庖丁解牛式的写作,让他拿下了 2019 年最高人民检察院"优秀检察新闻作品"一等奖。他在 2018 年发表的《医生吐槽鸿茅药酒,动用警权要慎重》,从刑法的角度论证警权适用的合理性,为该事件的公共讨论提供了更多信息增量。

第一节　用"高势能"论据冲击成见，构建知识壁垒

在评论写作中，我会努力追求论据的信息增量，希望给读者提供他们根本不知道，或者是没有想到的内容。这样，即便我的观点可能过了几年就会落伍，但我在评论中提供的那些有价值的论据，可能在不断提升社会共识的水位，成为更多人眺望世界的窗口。

一、如何构建知识壁垒

（一）掌握不同学科、不同领域的知识分析模型

在我看来，论据是评论的基石和骨架。一篇评论如果有鲜明的观点，却没有合格的论据，它就是半成品，就不应该出厂。

很多写作者在论据输出时，可能经常遇到这样一些问题，

比如接到一个生冷的话题,却不知道从哪里下笔;比如觉得对方在强词夺理,但是找不到任何证据去打对方的脸;又比如找了很多资料,却不知道哪些是有用的论据。

我们就先来讲讲论据的心法,看看评论员需要积累什么样的论据,又要如何积累这些论据。

郭德纲说:"相声的入门门槛很低,台阶都在门槛后面呢。"

评论写作也是这样,要完成从"票友"向专业评论员的转身,需要打造自己的专业性。特别是在人人都有键盘、人人都能发声的时代,我们只有打造属于自己的知识壁垒,掌握不同学科、不同领域的知识分析模型,才能在评论界拥有不可替代的地位。

就像"某地政府撤销了原本的承诺,让之前的一个项目从合法变成不合法了",看到这个新闻时,你脑子里马上就要能跳出行政法里面的"信赖保护"原则。

看到"'原油宝'不仅巨亏,甚至出现投资者反欠中国银行钱的奇葩怪事",你要马上能想到"合格投资者""投资者教育"的概念。

谈到"性侵幼女",你要能够想到韩国的电影《素媛》;谈到"陕西靖边儿子活埋母亲",你要想到日本电影《楢山节考》等。

有这么几个核心概念、核心素材作为论证的基石,一篇文章差不多就能立起来。如果你根本不知道新闻事件背后的这些概念,没有专业的知识积累作为论据支撑,那么你打出来的拳头就不硬了。

（二）将知识点拉成"点、线、面"结合的知识网

在构建自己的知识壁垒时，不能只收集单个的知识点，而是要将这些知识点，拉成一张"点、线、面"结合的知识网，这样在遇到新闻时，就能迅速把预存在信息库里面的知识网拉出来。

例 2-1　2020 年 4 月，国务院废止了《卖淫嫖娼人员收容教育办法》。这是一件大事，作为专业评论员，看到大事，就需要及时调取相关的新闻"点"和新闻"线"。

什么是新闻点呢？简单来说，新闻点就是鲜明的个案。当我们看到《卖淫嫖娼人员收容教育方法》被废止后，就要想起一些卖淫嫖娼个案。

比如，多年前演员黄海波曾因为嫖娼行为，先是被处拘留，之后又被收容教育了 6 个月，舆论哗然，也让公众见识到了收容教育制度的杀伤力。

这就是典型的新闻"点"。

没有之前黄海波嫖娼被收容的新闻点，公众恐怕很难在短时间内理解、接受"收容教育"这个生冷的概念。

所以，在收集论据的时候，我们要有意识地去积累不同类型的新闻要素、材料。比如，可以设置不同主题的文件夹，看到相应主题的新闻时，就将它归纳到文件夹中，形成自己的新闻库。

而新闻"线"，就是相关事项的变化历程。在这个案例中，

我们可以找与"收容教育"相关的制度，梳理它们的发展历程，用类比的眼光来看待卖淫嫖娼人员收容制度的废止。

比如2003年中国废止了"强制收容"，2013年废止了劳动教养，前两者和这次废掉的"卖淫嫖娼人员收容教育"一样，本身是没有直接法律依据的"法外之刑"，是中国的历史遗留问题。

通过新闻线的梳理，公众就更能理解制度废止的历史原因。

接着，这篇评论又讲到2000年的《立法法》中，明确提到"限制公民人身自由的制度措施，必须由法律来规定"，再写目前的落实情况，然后，把这个事件放到全面推进依法治国、中国法治进程的里程图上。

这就将新闻纳入了依法治国这个面上。

有点，有线，有面，整个文章就能够立起来，既能把整个事件的来龙去脉交代得非常清楚，又能向公众传递他们可能之前不太清楚的信息。

很多新闻，表面平常，其实"草蛇灰线，伏脉千里"，只有形成自己的知识网，迅速把单个新闻放进自己的知识图谱里，才能挖掘出背后隐约可寻的线索，找到真正有信息增量的论据。

二、如何构建知识网

（一）对重要的新闻事件、制度进行梳理

上海话有一个对老师傅的尊称，叫"老法师"。而评论员要成为机构媒体的"老法师"，不仅需要对最近几年甚至10多年的新闻如数家珍，建立足够的储备，随拿随用；还需要在发生一件大事时，有能力找到和这个事件相关、值得类比、值得反衬的新闻素材，成为人肉搜索者。也就是说，评论员要做机构媒体的信息官。

作为一名评论员，还需要对中国的制度演变、机构变迁，以及新闻背后的勾连信息有相当高的敏感度。只有对中国改革历程背后的深层次内容拉线搭网，才能在评论中把新闻背后的信息输出给公众。换句话来说，就是评论员还需要做制度演变的归纳者。

例2-2 2016年，网约车方兴未艾，住建部、公安部宣布废止《城市出租汽车管理办法》这一部门规章，当时大部分媒体都跟风表达，把这次"废旧规"看成推动网约车合法化的一个积极信号。

但，当时我们的判断是误读。

从制度演变上说，我国出租车的主管部门曾经发生过几次变迁，一会儿是交管部门，一会儿是住建部门，现在又是交管部门管着出租车。

住建部现在不是出租车行业的主管部门,那么它废掉一个旧规章跟推动网约车有关系吗?没有,只是在2016年,原住建部突然想起来我们这里还有一个老的关于出租车的规定,一直都没有用过,我们把它废了。

结果,一个行政部门清理旧文件的过程,被媒体捕捉到,大家就以为这是网约车合法化的大动作,闹出了一个相当大的乌龙。

例2-3 2019年,海南省突然宣布废止涉赌博、卖淫嫖娼等规定,有些媒体就很激动啊,这是不是海南允许黄赌毒啊?不是啊!这就是海南省在清理过时的旧文件。地方性禁止赌博嫖娼的上位法——《治安管理条例》已经被废止10多年了,这次只是例行公事进行文件清理。

所以,对评论员来说,知识储备、制度梳理这两点很重要,虽然一时可能派不上用场,但是一旦新闻触及你熟悉的知识点,这些"内功"就会发挥作用。

除了做机构媒体的信息官、制度演变的归纳者,评论员还要成为新闻机构的价值之锚。也就是说,我们需要用专业性去辨别新闻价值,在不违背新闻事实的情况下,创置议题,将事件引导向社会利益最大化的方向。

创置议题就是确定整个新闻之后的讨论方向,尽量让这个新闻的讨论能推动社会进步,革除社会的积弊。

例 2-4 山东的辱母杀人案、昆山的反杀案当中，在第一时间很多信息是不明确的，评论员在写作前，就要先做一个根本性的价值判断：过去，中国正当防卫的空间被严重压缩，"能逃不逃就是互殴""死了人，你肯定是防卫过当"。

有这些知识背景垫底，你就知道评论写作往哪个方向走，评论应该体现什么价值了。

那这些奇奇怪怪的制度演变、事件发展的知识，我们要从哪里获取，又要怎么把它们串在一起呢？

笨办法就是做笔记，做手工笔记，也可以做成电子笔记。比如，中央历次经济工作会议侧重点有什么不同？提法有什么细微的变化？浏览相关新闻的时候，顺手就把它们分门别类地放在不同的文件夹里面，等需要点评相关话题的时候，点开文件夹，有关的新闻就呈现在里面，方便你去剪裁。

给大家推荐一个系列网站，叫作"省情网"，它们是各省的地方志办公室的官网，山东省的就叫"山东省情网"，福建省的叫"福建省情网"。"省情网"里面有一个最大的特色，就是把当地的地方志、年鉴全部搬到了网上，比如行政区域志、气象志、动物志、司法志、监狱志、环境志等，可以说是应有尽有。这种网站堪称宝库，如果要研究一个省里机构的变革、行政区域的改变，就可以在"省情网"里找到丰富的资料。

例 2-5 2019 年山东省莱芜市被并入了济南市，我们要找相关的论据，只要点开"山东省情网"，在丰富的地方志当中，就能找出莱芜市当初设市，以及莱芜市和莱芜钢铁厂之间的前世今生关系。

（二）用高势能的知识，冲击别人的成见

什么是高势能知识？

简单来说，就是讲出了别人不知道的事情，讲到别人没有想到的角度，提供别人不知道的背景。如果我们能贡献出高势能的知识，就可能会根本性改变公众对于整个新闻，乃至类似的社会现象的态度。

例 2-6 我在 2014 年写过一篇评论，题目是《念斌与辛普森之间隔着 N 个赵作海》。

念斌被认定为是一起投毒案的凶手，8 年里曾 4 次被判处死刑，最终等来了福建省高院的终审无罪判决，还了念斌的清白之身。

但是，当时就有人说酸话，认为念斌案就是美国的辛普森案，言下之意念斌就是凶手，只是他的律师像辛普森案那样抓到了警方的"程序瑕疵"，钻了法律的空子，这就让很多人觉得中国的司法公正，已经要进入"防无良律师"的阶段。

我们当时找到了一个硬核的论据，证明中国司法主要应防止的不是律师钻了程序漏洞，而是刑讯逼供，必须坚持无

罪推定原则。

这个"高势能论据"就是：英美法系国家的无罪判决率一般高达 25% 左右，而中国的无罪判决率非常低。2011 年，全国公诉案件的无罪判决率仅为 0.013%，只有 146 人。

这意味着，相当多的问题案，甚至是冤案，不是通过法院宣判无罪来处理的，而是检察机关认为这个实在告不赢了，证据不足，可能涉及刑讯逼供，于是撤诉了结。

我当时写的是：

念斌案平反了，但这并不意味着中国司法公正的焦点问题在一夜间就穿越到美国式的"高冷"的程序瑕疵上去了。念斌与辛普森之间隔着 N 个受到刑讯逼供的赵作海呢！

例 2-7　有一个新闻经常出现，"某某地方大学生捐精，合格率只有两成"。

如果大家拿到这个选题，会怎么评论？是说大学生沉迷于电子游戏，生活不规律，才会精子不合格？或者说大学生过早尝试性生活，伤了所谓的"元气"？还是说是转基因食品导致的？

其实，根本就不是那么一回事儿，我们当时就找到高势能的论据，来进行评论。

普通人精子浓度的正常值是每毫升有 1500 万个精子，但捐精的标准是 6000 万个，是正常值的 4 倍！捐精的合格线是一个"商用标准"，远高于"民用标准"。这相当于什么？相当于你去参加篮球队,身高"不合格",不用灰心,孩子,身高够用就行!

你一旦给出一个"高势能知识",就彻底终结了这件事的可讨论性,一下子就把天给聊死了。凡是听我说过一遍这个道理的人,再也不会相信是"转基因食品导致的大学生精子不合格"。

因为高势能的知识,提供了别人不知道的背景,这个背景足够说服公众,彻底颠覆了他们对这个事件的理解。

比如,你在讨论电影《哪吒之魔童降世》的编排是不是篡改了哪吒的传统形象,而我直接告诉你:哪吒根本就不是中国本土的神祇,他的形象本来就来自印度,甚至来自波斯,他本身就是不断地被中国人加工的,有一个从唐代穿越到商代的父亲,何来一成不变的哪吒传统形象?

再比如,患癌症女大学教师被所在民办学校开除,你在谴责民办学校的无良,而我想讨论的观点是,按现行法规,大病超过2年,单位就可以合法解雇。当单位不再养患了大病的你时,这种"残酷"社会如何面对?

这些观点是不是足够有颠覆性?

那这些稀奇古怪的"高势能"的知识从哪里来?如何去打造属于评论员的知识壁垒呢?

其实,说到底还是读书,读营养书,读有营养的资料,寻找论据的具体方法包括:检索论文、深挖新闻线索、请教专家、借用"外脑"等。

说到读书,特别是旨在获取"高势能知识"的读书,我建议可以参考一下"罗辑思维""樊登读书"中提到的书目,不是说他们推荐的书最好,而是说他们的推荐行为,本身会把这些书推到社会舆论场中。读他们推荐的或者是提到的书,然后在评论当中引证这些书的观点,可能是"性价比"比较高的读书方式了。

(三)从自己熟悉的"一亩三分地"写起

对于刚刚接触评论写作的人来说,如果没有太多"硬通货"的知识,就无法快速搭建自己的"高势能知识",可以从自己熟悉的领域开始。

你的专业、行业背景、具体职业身份,甚至具体事件的经历,都可能成为写作的资本。再具体一点,比如你有过加盟奶茶店被坑的经历,就可以把加盟背后的陷阱整理成自己的论据,写一篇关于奶茶店加盟的评论。再比如,你有过"校园贷"代理的经历,那就可以尝试梳理校园贷背后的操作流程,将那些不为人知的论据整理出来,写进自己的评论里。这些亲身经历,都是难能可贵的写作材料。

例 2-8 2020 年年初,有一则新闻:河北邯郸某村干部广播"取消拜年磕头"习俗,引来了不少年轻人点赞。这个话题,你可以写提倡新风、移风易俗等,但就是缺了那个味道。

当时，我们邀请了一个山东籍贯的研究生写了"拜年磕头"的评论，因为这是这个年轻人的亲身经历，他就写得有血有肉，讲了当地农村特殊的社会环境之下，为什么年轻人并不排斥磕头这个行为。

他在评论中是这样说的：

在农村人的语境里，磕头拜年更多地表现出一种对长者的尊重，村里面谁家有70岁以上的老人，邻居们往往都会自发地去他们家磕头拜年。

除了尊老之外，"磕头拜年也是活络村里乡里乡亲关系的良机"，乡里乡亲关系有时比较紧张，争吵时有发生，很多情况下，兄弟几个分家时财产不均，或者村民耕地播种时引发"边界争议"，或者是几年一度的村干部选举等，在这种情况下，磕头拜年往往就能缓和邻里关系。

不是当地人，就根本不知道磕头在当地文化圈子里面有什么含义，这位作者就通过自己的亲身经历，给读者提供了新的认知。

对于刚接触评论写作的人来说，不妨多留心积累自己熟悉领域的论据，从亲身经历中挖掘对评论写作的敏感度。

小结：

怎样打造评论员自身的专业知识壁垒？

第一，掌握不同学科、不同领域的知识分析模型。

第二,将知识点拉成"点、线、面"结合的知识网。

构建知识网的方法有哪些?

第一,对重要的新闻事件、制度进行梳理。

第二,用高势能的知识,冲击别人的成见。

第三,在没有足够多的知识"硬通货"之前,可以从自己熟悉的领域写起。

第二节　如何巧用论据,挖掘陌生领域的独特观点

想要写出一篇好的评论,评论员要学会打造自己的知识护城河,新闻事件一出来,就要能迅速放入自己的知识图谱中分析和思考。

但除了熟悉的领域,评论员还要经常写自己不熟悉的领域。这就要求在几个小时里面,完成从"素人"向"专家"的转换。当然,这不是让你真的成为专家,而是要让专业人士觉得你是同道中人,是在帮他们在公共舆论场里,传播行业内的看法。

面对不熟悉的话题,如何快速找到有信息增量的论据,成为专业领域的"专家",传递专业的声音?

结合多年的评论写作经验,我总结了五个方法。

一、查论文

很多人遇到自己不熟悉的题目，甚至比较冷僻的话题时，常常感觉无从下手，根本就不知道文章的论据、论述从什么地方展开。

查论文其实就是一条捷径。

因为学术论文里有相应学科最前沿的信息。这些信息，都是相关领域的专家经过"1万小时刻意学习"后总结出来的。搜索论文的过程，其实就是去粗取精，尝试站在巨人肩膀上看问题的过程。如果我们把这些经过打磨的信息作为论据，即使在一篇短短1500字的评论当中，也能给读者远超出其他人的见识和观点。

可以说，论文是一个现成的知识宝库。但遗憾的是，评论界还是不擅长从论文中汲取营养。前两年，业内开过一个研讨会，一位同行跟我说："沈彬，你可能是评论界第一个通过检索论文写评论的人。"

我的切身体会是，查论文确实是找论据的好途径。面对一个陌生的话题，当我们找到了相关领域的专业论文时，就相当于打开了哆啦A梦的"任意门"，可以进入自己以前从来没有涉足的专业领域，借助论文对这个话题有一个整体的、理性的了解，而不是停留在新闻所给的个案化、感性化的层面上。

例 2-9 曾经有媒体编辑找我约稿,话题是"病人拖欠医院医疗费"。

对于这个话题,我是一个外行,完全不清楚医院面临的医疗欠费到底是怎么回事。

这时候,该怎么写呢?

一种写法就是拍脑袋,自说自话,编出一些观点来——无非是要求警察好好管管,对欠医院钱的老赖搞黑名单制度,等等。

但是,这样讲的就都是外行话,内行会笑话你的。因为这些浮在表面的观点就像"万金油"一样,能套用在很多新闻事件上,它不痛不痒,可说可不说,写出来的意义不大。这是我们写评论时要尽量避免的写法,它是一种思维和论证上的"偷懒"。

还有一种写法就是查论文,从专业论文中找到论据支撑。

像拖欠医疗费这个话题,当时通过查找论文,我发现医院最容易出现欠费的地方是所谓的"绿色通道"。比如发生交通事故、意外伤害之后,患者由110、120的"绿色通道"送进医院,医院必须无条件抢救。但是有的人被救好了之后,就不告而别了。

为什么会这样呢?因为涉及交通肇事的责任划定等原因,肇事双方容易互相扯皮,这时候一些病人通常就不愿意付账了。

找到这个信息后,我就可以借此立论:要强化"绿色通道"的财政拨付,让医院救人时没有后顾之忧。

这就是将学术论文"兑现"成新闻评论，换一种表达，把那些精彩观点从核心期刊当中解救出来，作为论据支撑我们的论点，放在公共舆论场里面。学会让中国知网等论文库成为你的知识宝库，找出精华、捞出干货，把学术一线见解放在我们的评论中，放在公共舆论场里，为评论提供更多信息增量。

如果条件允许的话，还可以有针对性地阅读英文文献。这样，在面对国内研究还不是很成熟的话题时，也可以给读者引入具有足够信息增量的观点。

二、运用在线百科全书

除检索论文之外，第二个找论据的利器，就是要学会运用在线百科全书，如维基百科等，那里有如山如海的评论论据，等待我们去开发。

在线百科全书是我们理解"平行世界"的一个重要窗口，能够帮我们高速浏览世界的多样性，在最短时间里极大丰富我们的文章论据。

例 2-10 深圳城市管理和综合执法局，就曾经针对养犬管理，向社会公开征集意见，表示对超过14天无人领养的被收容犬只，可实施"安乐死"的措施。这个征集意见一出，在动物保护界就掀起了轩然大波。

针对这个话题,我们就可以通过维基百科等在线百科全书去收集各国关于流浪狗的政策。浏览后,我们会发现海外很多地方对于流浪狗的收容政策是,要求在若干期限内认领,超过期限,就执行安乐死,还有个专门的术语叫shilter killing。

当时,针对这件事,澎湃新闻特约评论员就把维基百科上找到的信息作为论据和立论的基石,写了篇评论,题目是《反对"安乐死",又不去领养:流浪狗怎么办?》,认为"对无人领养的流浪狗实施'安乐死',已经是文明的进步,也是国际上很多城市的通行做法"。

维基百科,有点像中国古代文人的"类书",像《佩文韵府》《诗韵合璧》之类。要写春天的诗,类书已经帮你归纳、整理好有关春天的各种辞藻、典故;写打仗的诗,类书已经帮你归纳、整理了有关打仗的各种辞藻、典故。这就避免了你搜索枯肠、无中生有地去编。

在用维基百科时也要注意两点。第一,维基百科是由用户自发编辑生成的知识库,大部分信息是准确的,但也有一些未经证实的信息,虽然它自身有比较强的纠错功能,但在运用时,还是要对信息进行基础的判断,将维基百科和其他知识库的信息交叉验证。第二,要在维基百科中找到"兴奋点",也就是要找到相对于中国读者来说,特殊的知识增量点。不要眉毛胡子一把抓,不要把评论的论据部分写成"编译",

更不要照抄维基百科上的内容。

三、找历史参照物

用历史参照物来丰富写作素材，简单来说就是从历史发展脉络去寻找问题的同构性，借古喻今。

通过在线百科全书来快速找到陌生领域的论据，主要是为强化论据的国际视野，让我们从空间层面综合分析，而这第三招"历史参照物"，则是从时间轴上丰富我们的写作素材。

"历史参照物"写作，有三个优点：第一是提升文章的可读性；第二是借古喻今，增强论说的说服力；第三是降低文章的风险性，避免硬碰硬。

例 2-11 多年前，某地一位商人因涉及集资诈骗罪，被执行死刑，但执行死刑之前，并没有通知家属，有人就质疑这是"秘密死刑"。

第一波评论的落点就是"硬碰硬"，拿出相关的法律依据，称法规是明确规定要通知家属的。

但是，当事情往纵深发展的时候，我们就需要有更多的素材证据来支撑讨论，不能颠来倒去地讲一个法条。

当时，我就换了一种思路，去找历史中的参照物，看看是否有同构性的问题，历史上有没有发生过类似的事情，如果有的话,针对这类事情或问题,历史做法是什么。

搜索历史资料后,我发现,对于"秘密死刑"的问题,唐代、宋代的法律都有明确规定,犯人行刑之前,必须是"听亲故辞决"。也就是说,即将被处决的死囚犯,可以和他的亲友故人诀别,中国古代是明确保障死囚犯的"会见权"的。

为什么古代能够做到临死前见一面,现在却不能够做到了?于是,我写了篇评论,题目是《古代司法如何保障死刑犯的会见权》,在评论中,我提出了我的论点:

刑前会见、临刑喊冤,这些权利,行之于中国有上千年历史,成为国人法治信仰的一部分,不宜在现代司法体制中被忽视。

因为有了历史视角,论证过程也就顺理成章了。因为是借古喻今,同时还增强了文章的可读性,也降低了评论本身的风险。

例 2-12 2018 年 7 月发生的河北"涞源反杀案",是进入了最高人民检察院工作报告的大案。

在这个案件当中,一个女大学生遭到了前同事反复的骚扰威胁,甚至发展到行凶者半夜持凶器,翻入院墙施暴的地步,最终行凶者被反杀,而女大学生和父母被认定为"正当防卫",不予起诉。

我写评论的时候，就注意到了"夜入民宅"这个细节。于是脑子里马上跳出周星驰电影里的那句台词——"无事献殷勤，非奸即盗"。

这句话其实是有出处的：

中国古代法律里面规定，"夜深无故入人家，非奸即盗，登时打死勿论"。在古代，晚上无故闯入别人家里面，就是非奸即盗，主人当场打死，不会被认定为犯罪。

中国古代法律就严格保护公民的住宅权，对于夜间闯入民宅的行为，赋予了主人打死不论的自卫权利。这就给了公众另一条思考这个"反杀案"的维度，那就是历史的维度。

大家可以关注一下"水煮历史"这样的历史类公众号，以及澎湃新闻"私家历史"栏目。这些平台发布的虽然是历史文章，但是往往是结合新闻来发布相关的历史文章，有一定的时效性，可以从中找到过往历史和当下的契合点。比如新冠肺炎疫情期间，这些平台上的文章会告诉你：历史上的西班牙大流感是怎么回事？中国古代是怎么进行防疫隔离的？方便你从中找到新闻的历史参照物。

四、向专家求助

相对于查学术论文、查维基百科，找论据最好的办法就是请教一线专业人士。他们给我们提供的一两个针对新闻事件的看法和论据,有时足以支撑起一篇文章。

首先,如果条件允许,可以向写出报道的记者请教,他们往往对于事件细节有着更多的了解。在请教的过程中,你可能还会收获很多未呈现在报道中的独家细节,比如当事人的一些隐情、官员的态度等,这些"干货"就是有信息增量的论据。

其次,对于很多专业性的话题,不妨去请教一下专业人士,让他们给我们一些点拨,这对写作来说,可能就是拨云见日。

例 2-13 2016 年,营改增税务改革之后,微博上有一个博主诉说了一段崩溃的经历:自己有一笔劳务收入要纳税,但是工作所在地和户籍所在地的税务机关都互相推诿。

看到这个话题时,怎么写评论?税收领域的问题比较专业,我们也不知道这个问题到底出在哪里。这时候,可以去请教一下税务领域的专家,向他询问一下:是当事人自己的问题,还是税务机关本身的问题?

按专家指点,我们了解到,有些地方是刻板地规定,必须以户籍为准,但是现在已经是互联网时代了,城市各区之间的数据本身就可以互通互联。这个找不到税务局报税的问题,不是法律问题,而是政府内部信息沟通问题,所以,我们可以把论点建立在"让数据多跑路,群众少跑腿"之上。

有些时候，不经过专家的点拨，我们可能永远写不出有见解的评论。

税务专家、法学专家、金融专家、建筑师、动物保护专家、环保从业人员等，各个领域的专家，都可以成为我们写作评论的"外脑"，帮我们解决无法直接切入的专业话题。

有人可能会提出疑问：既然评论员只是"冒充专家的专家"，为什么不找专家来直接写呢？

其实，一些话题让专家来写，效果未必好。第一，专家未必有这么多时间，他可能赶不上媒体的发稿节奏。第二，专家的写作，可能未必能达到我们希望的呈现效果，不少专家习惯用论文的语言写评论，太过晦涩，这就不太合适。

我认为，评论员要有自信，相信写专业的话题也有自己的优势，我们可能不是最专业的，但我们比专家更懂媒体、更知道公众的兴趣点，我们也比媒体人更像"专家"。

相对高效便捷的方式，就是找专家咨询之后，将专家提供的视角和证据写在评论当中，再和专家确认一遍，这样的操作比较稳妥、高效。

五、检索老新闻

有关查找评论论据的途径，都是"巧办法"，其实也是"笨办法"。

说它是写作的"巧办法"，是让大家通过文献检索、维基百科、寻找和咨询专家等比较便捷的路径，高效地获得相关领域的一线知识，但探寻真相、查阅文献的过程，也是一个耗时费力的过程。所以，说到底，我们要写出一篇观点独特的文章，还是需要下相当多的资料整理功夫。

在这里，我为大家提供在检索文本、准备资料时的两个思路模板。

（一）发掘一个话题在过去若干年报道中的变迁

例2-14 要写一篇关于教师节的评论，我们就可以找找1980年代设立教师节的初衷是什么？1990年代、2000年代、2010年代报道教师节时各有什么侧重点？

这种变迁就暗含着时代主题的切换，见证着有关教师的主要矛盾的悄然转换。

通过查询对比发现，报道侧重点最早是尊重知识分子的问题，之后是教师待遇的问题，如今是教师要得到社会理解的话题等。

通过报道侧重点的变迁，我们就更容易梳理出评论的论点来。

（二）通过文本分析，找出文件中的新变化，积累新故事

法律法规、政府文件等权威文本，是我们寻找写作论据

的重要宝库。同样一个命题，今年和去年的《政府工作报告》中有哪些变化？中央和地方的红头文件表述上，各有什么侧重点，哪些被强化了？这背后是非常有信息量的地方。

例 2-15 住宅 70 年到期之后到底怎么处理？这个话题可以常写常新。这么多年来，相关法律当中的规定是怎么变迁的？相关领导和职能部门的表态，有什么微妙变化？我在写这个话题的评论时，就梳理了相关法律的变迁：

中国改革开放初期提出土地使用权，主要是为了让来华投资的外商企业能够依法用地，最早的规定是"到期之后，建筑无偿归国家所有"。之后就成了"提前申请，另交出让金"，再到《物权法》提出"自动续期"。而在 2016 年，中央在《完善产权保护制度，依法保护产权的意见》中又提出"研究住宅建设用地等土地使用权到期后续期的法律安排"。

通过梳理红头文件中的法律变迁，就很容易提炼出相应的论点了，比如我们可以说"中国的改革史是一部土地使用权由僵化转向自由流转、充分保障的历史"，等等。

如果面对陌生的领域，你还是无话可说、写不出有新意的文章，那不妨多看看资料，资料看多了，眼界自然不同。通过检索老新闻，能让你"穿越到过去"，使你出现新奇的想法；积累新故事，能让你写出与众不同的作品。

小结：

针对陌生领域，快速获得专业性见解的途径有哪些？

第一，查论文。

第二，查在线百科全书。

第三，寻找历史参照物。

第四，向专家求助。

第五，在资料中梳理出老新闻、新故事。

第三节　找论据的五个标准化流程，让你的评论更严谨

评论也是一种新闻生产，新闻生产要讲生产效率，也要讲生产安全。

结合多年评论写作经验，我把找论据、使用论据提炼为五个标准化流程：查真假、读原文、找空子、讲故事和严拷贝。简单地说，就是我们要从找论据的源头开始，把好论据准入关，并把"安全生产""精细管理"的概念贯彻始终。

一、查真假

写作之前，第一件要做的事情就是查证新闻源的真假。

我们要先查一下这个新闻是不是真的,是不是恶搞的,是不是虚假新闻。不能等到已经爬上梯子,才发现梯子安错了墙。

例 2-16 之前有这么一条新闻:愚人节前夕,法国媒体 Arts in the city 报道说,一幅藏于巴黎奥赛美术馆的梵高自画像,在疫情闭馆期间,因为被一个小女孩 Betty 嫌弃不好看而惨遭涂改。

这条新闻,有时间,有地点,讲得有鼻子有眼,甚至还给出了所谓的出处——法国媒体 Arts in the city,有国内的媒体也报道了这个事,结果发现这条新闻是假新闻。

作为评论写作者,在写评论之前,第一步应该做的是搜索信源,辨别新闻的真假,这是一种本能。

或许有人就会问,如果查出来是假新闻,是不是就断了一条评论写作的线索了呢?

其实不是!因为当我们查出来它是一条假新闻时,可以反过来追问:为什么大家会相信这样的假新闻?背后的动机又是什么?这照样可以写一篇评论。

例 2-17 曾经有一条火爆朋友圈的新闻:2018 年 2 月 27 日,苏州动物园狮虎山改造工程中打通了一座古墓,发现了一本古本的吴氏《红楼梦》,几百年来的诸多红楼谜团亦随之迎刃而解!红学大厦,顷刻间轰然坍塌了!

听到这样的消息时,我们先要查一下,这个事有没有权威媒体机构报道。

稍微上网查一下,我们就会发现没有机构媒体报道过这件事。相反,文章里言之凿凿的所谓"吴氏石头记",倒是被《光明日报》曝光过是一个彻头彻尾的闹剧。

查到这些信息后,接下来,我们就可以顺理成章地写文章,比如论点可以是"谁在给这种粗劣的谣言'续命'?""自媒体的传播责任在哪里?",等等。

二、读原文

"读原文"是创作评论的另一个必经的过程。可以说,"读原文"是在评论写作里面值得强调100遍的事。

"读原文"有三层意思:第一,应该读报道的原文,而不是只看标题;第二,涉及外文报道的话,应该读外文的原始报道;第三,认真研究原新闻当中的相关文书、视频、录音等"原始信息"。

为什么要读原文呢?

因为"原文"的信息会更加丰富,一些在传播过程中被弱化的部分,可能还保存在原始报道中。它能让我们避免被舆论带起来的节奏误导,在错误的道路上狂奔。

所以,我们要阅读原始新闻,甚至是原始的外文报道,从原文中汲取更多新闻元素,尽量避免用二手、三手的材料来写作。

例 2-18 2017 年有新闻报道称：法院做出判决：以炒房为目的的购房合同无效。

当时很多相关评论没有认真地读原文，就望文生义，开始评论"怎样界定买房子是'以炒房为目的'？""这背后是不是国家有调控的大动作？"，等等。

但是，认真看一下原文，就会发现它的意思其实不是说今后只要找出"买房是为了炒房"的借口，就可以推翻合同重来。

这则新闻来自天津法院公布的一组判例："以炒房为目的的购房合同无效"的判决，针对的是个别房产中介，违反忠诚义务，在中介服务当中"吃差价"。

什么意思呢？就是说如果中介在没有买房资格的情况下，利用工作便利，和卖方签订购房合同，然后再加价卖出去，这种"以炒房为目的"的合同，是无效的。所以和大家理解的根本不是一回事儿。

如果我们不仔细阅读原文，就会跟着标题党一起歪楼了。

评论员要做整个媒体的"信息官"，要有基本的信息评判能力，这种能力的基本功就是认认真真看完新闻原文，不要急于转发，更不要只看到标题就开始唰唰唰地写评论。

涉及中外关系的新闻，如果条件允许的话，最好翻找外文报道的原文。

现实中，很多涉外报道的信息是严重缩水的，如果我们能够从外文的原始报道出发寻找论据,就相当于站在了新闻产业的上游,就能在更充分掌握信息的基础上写作,提供不同于普通评论的视角。

例 2-19 2018 年,美国贸易代表办公室将淘宝网等 9 家中国市场列入侵犯知识产权的"恶名市场"名单,这个罪名是非常大的。

淘宝网表示不服,我国商务部也正式表态:美方依据其国内法,发起对中国的贸易调查,是对现有国际贸易体系的破坏。

但是,无论是商务部还是淘宝网的官方表态都非常简短,如果我们为了省事,顺着我国政府部门的正式表态演绎几句,批评一下美方,所呈现出来的评论产品,很难说是一篇成功的新闻评论。因为没有为大家提供新的视角和更有说服力的论据。

我们搜索了英文原文报道、美国的官方文件,在查找英文原文资料的过程中,就会挖掘出很多有意思的信息。

比如我们会发现:

第一,中国在所谓的"恶名市场"名单上并"不孤单",西班牙、瑞士、加拿大等西方的发达国家,也赫然在这份名单的观察名单里面。

第二,这个"恶名市场"名单里面,并不是如大家想象的那样,都是淘宝网这样的大牌企业。"恶名市场"名单里面,居然还有一家上海复旦大学附近的小型电脑城，这也被放在了中美博弈的大盘子上。

有这些基本的信息量打底之后，我们对这个事件的看法就可能有了根本性的改变，比如在保护知识产权方面，不要对中国企业妄自菲薄，美国方面提出的那个名单，也不像有些人脑补的那么具有权威性。

总的来说，看原文不仅包括看新闻原文，也要看有关联的外文原始报道；既要看新闻的成品信息，又要努力审视新闻当中包含着的新闻图片、对话、录音等"原始信息"，千万不要错过了原始新闻素材这个"富矿"。

三、找空子

"找空子"不是"钻空子"。"找空子"是指在新闻事件的复杂信息里抽丝剥茧，发掘到对自己观点有利的信息。

一个新闻报出来之后，它有非常丰富的细节，往往并不是非黑即白，"好人"自己有缺点，"坏人"也可能有值得同情之处。

对新闻挖得越深，就懂得越多，就越能发现别人没注意的论据。

这里我也提供三个在新闻里"找空子"的小技巧。

（一）排时间线

新闻大多涉及很多细节，有的是多线叙事，有的为了平衡报道，既呈现了甲方的陈述，又呈现了乙方的陈述，而双方莫衷一是。

比如在留日女学生江歌被害案当中，闺密刘鑫是一种说法，江歌母亲是一种说法，凶手在法庭上的陈述又是一种说法，还有众多第三方的转述。

这样的新闻，看起来让人头昏脑涨。怎么办呢？

最简单的办法，就是排一个时间表，把新闻当中前前后后的事情放在时间表里面，按照时间顺序梳理。我们要替受众从文本当中解读出不被关注的细节，那些能打脸的内容，就蕴含在这张时间表里面。

例 2-20 某地交警大队的队长儿子交通肇事，涉嫌酒驾并且逃逸，最后导致被害人死亡，但是做了不起诉处理。

这个案件几起几落，经过多次的伤情鉴定，一会儿把人抓了，一会儿又把人给放了。当时，我就专门列了一张时间表，梳理了事情的先后顺序。从中就可以发现肇事方家属，之前赔偿并不积极，而主动做出赔偿，是发生在伤情被鉴定为"重伤"、肇事者被刑事拘留的那个时间段里。这说明什么？"不刑拘就不赔偿"啊！他被拘留之后，才主动做的赔偿，甚至以赔偿来要挟被害人家属，必须要给谅解书，从中可见肇事者态度之恶劣，毫无悔意。

梳理"时间表",有助于挖掘被掩埋在新闻报道当中的关键细节。

(二)严格审视"对方证据"

有时候,评论形成一种文字交锋,各方通过放料博弈,公说公有理,婆说婆有理,那么,我们就要像在法庭上"质证"一样,非常严格地审视对方所发布的信息、放出的料,努力找出其中的"碴儿",这些"碴儿"恰恰是我们进行下一步评论的出发点。

这里给大家分享几个审视信息的角度。

第一个审视角度,是看相关专家有没有资质,是不是这个领域的专家?是不是存在滥竽充数、利益输送的现象?比如 2007 年"华南虎闹剧"中,有一位所谓动物专家被拉出来,为假老虎照做背书,但是核实一下背景,就会发现:这位老教授不是研究老虎的,他是研究老鼠的!

第二个审视的角度,是看对方爆出的检测报告、鉴定意见,是不是被张冠李戴?比如当事企业会拿出检验报告自我证明,我们就要关注一下相关检测报告的送检时间和发布时间,它可能是之前的检测,如果之前的检测指标和现在的不一样,那么,这些检测报告的证明力就很差了,要在评论当中予以反驳。再比如湖南爆出"固体饮料冒充特医奶粉"的新闻当中,当地有关部门表示,这些产品经检测"全部质量合格"。你在评论当中,就指出这个"检测合格"的报告,是按照固体饮料的质量标准检测的,不是说它作为"特医奶粉"是合格的。这个时候就要严格审视对方的证据,不能被带到沟里去。

第三个审视角度,是认真审视对方提供的图片、视频,有没有做手脚?在图说、字幕里有没有误导公众,有没有断章取义?

总之,在写评论的笔墨交锋当中,要像侦探一样地寻找蛛丝马迹,要像律师那样对事件的事实抽丝剥茧。

(三)将"对方论据"化为我方论据

有些看似是对方的有效论据,但稍微进行一些转换,就会为我方所用。这就需要借力打力,实现四两拨千斤。

例 2-21 之前一个新闻里,某地方政府要求禁烧散煤,他们拿出了法律依据:《大气污染防治法》第36条规定:"地方各级人民政府应当采取措施,加强民用散煤的管理,禁止销售不符合民用散煤质量标准的煤炭,鼓励居民燃用优质煤炭和洁净型煤"。

这是"对方的论据",但仔细看一下,这其实是一条宣示性的倡导性的法条,并没有惩罚性的规定,那我们这时就要使出"太极功夫"来化敌为友,我在一篇评论当中就是这样借用的:

> 法律对如何处罚销售、使用不合格散煤,并未做出明

确规定,"在缺乏'尚方宝剑'的情况下,地方施政就当慎之又慎,不能贸然动用人身强制性的措施,避免扩大对立"。

四、讲故事

我们常见的自媒体造假最方便的方式就是:"我的助理如何如何""我的朋友如何如何"。所以听到这,也许你会疑惑,"讲故事"也算是"证据"吗?讲故事不是瞎编吗?

"讲故事"是一种亲历性的证明,是一种论证的手段,也是一种论据的重要来源。它提供的是自己,或者周边人的一种亲历性故事,它有一种深入事件内部的主观视角,能拉近你和受众的距离,脱去宏观视角容易造成的偏差。有时候,理论上要费很大笔墨论证的问题,用一个亲身经历可能就解决了。

比如,提到大学招生歧视的时候,我曾举过周边的一个例子:当年某知名大学的法学院招生,要求男生身高在一米七以上,女生在一米六以上,而我的一个女同学身高不满一米六,就断送了自己当法官、当律师的梦。这合理吗?

这种亲历能够和受众产生更大的共鸣,一个合适的亲友的亲历会比一个新闻的例子更有说服力。

再比如,我有个朋友经常写都市人话题:中年危机、中产危机,几乎篇篇阅读量都是 10 万 +。他往往以自家的保姆收入或者亲历作为切入点，甚至从出租车司机的经历、司机的收入构成谈起，这些都是很好的"故事证据"，这被称为主观型写作，也是一种别具一格的文体，而且有相当好的市场反应。用亲历性的证明，产生共鸣。不过要注意的是，我们是要讲真实的故事，而不是为了论证自己的观点，去编造一个假故事。

五、严拷贝

严拷贝，也就是文章的论据必须要有出处。

前面写了各种找证据、发现突破点的标准操作，但我们还得对这样的证据进行严格的审视。魔鬼在细节当中，评论的"安全生产"警钟长鸣。

这里有三点要提醒大家。

（一）找到的论据，必须审核出处

现在自媒体比较混乱，我们看到公众号上的耸动内容，可别急着把它作为论据写在评论中。

例2-22 2019年，很多自媒体上传得言之凿凿的，说新《警察法》修订之后，规定警察可以直接开枪了，不用再鸣枪示警了。这就是所谓的"三人成虎"效应。我们要查一下，修订法律这么大的事儿，怎么没有新闻报道？

有一些作者还可能把网上流行的段子、鸡汤文、钓鱼文、恶搞文当成论据，写在评论里面。

例 2-23 多年前，某地方党报曾经发生过这么一个乌龙事件，有一个大学老师写专栏，当时好事的网友编了一个段子——"卧槽泥玛"，也就是"卧在马槽里面的泥巴做的马"，这句话是骂人的话，但是，当时在网上传得铺天盖地，说这是有出处的典故，出自《战国策·楚策四》里。这个大学老师信以为真，把这个东西当成了证据发在了报纸上。

（二）评论中形成的文字要有严格出处

评论当中形成的文字，必须每一句都有严格的出处，都有原始新闻的报道，或者有明确的信源，不要自行脑补，不要合理想象。特别是一些核心的证据，不要依赖记忆，记忆不能够 100% 确定的话，就不要写在评论里面，这样就避免了写作的风险。

像澎湃新闻，以及《东方早报》的评论编辑方针，就是要求评论当中的每一个论据、数字——特别是敏感性数字，都要有相应的出处。作者要把好自己的信息关，不能够把这个责任全部丢给编辑，否则，就是在给编辑挖坑。

特别是，一些地方的辍学率，职场女性被性骚扰的比例，这些数字比较敏感，要看一下是否有比较权威的出处。有的是研究组织做了一个非常小范围的抽样调查，就说"有10%的未成年人遭到过性侵害"，这种研究并没有多大的公信力，就不能够作为论据出现。

（三）不要随便滥用术语，特别是官方文件中的术语

比如，"议案"跟"提案"是有区别的，"行政拘留"跟"刑事拘留"是有区别的，现在说的是"扫黑除恶"，你不要再讲"打黑除恶"。"特大事故"跟"重大事故"当中有没有区别？有的！这不是一个形容词，"特别重大事故"是指造成30人以上死亡的事故。"重大事故"是指造成10人以上30人以下死亡的事故。

再比如，你引用了一个官员讲的话，就得查一下他的职务有没有变化，有没有落马？论据中出现的机构有没有更改、合并、撤销？如果有更改的话，应该加上"原某某"机构的字眼。

总的来说，"严拷贝"，就是要严格审视我们的论据入口，避免"安全生产事故"，如果犯了低级错误，那么找到再好的论据都是丢分的。

小结：

找论据的五个标准化流程是什么？

第一，查真假。

第二，读原文。

第三，找空子。

第四，讲故事。

第五，严拷贝。

第四节　用好论据的三种进攻路线和三套战术动作

论据找好了就得用好论据，把手中的子弹发挥最大的功效，让我们的文章成为千军万马去攻城夺寨。

一、用好论据的三种进攻路线

（一）正面进攻

正面进攻，也有两种打法。

1. 当场打脸法

直接指出对方的事实差错、立论错误、前后矛盾等。这种打法适用于三种情况：第一种是对方援引的法条、文件错误；第二种是对方违反了法律、上级政策；第三种是对方撒了谎，做了假。

拿破仑讲，"在敌人犯错误的时候，不要打断他"，如果对方真的犯了这么严重的错误，我想再加一句"敌人犯错误的时候,不要打断他,而是直接打脸",这种方法能够简单粗暴且有效地指出对方的错误。

例 2-24 2018 年,北方某地在整治散煤的时候用力过猛,出现政策偏差,某人山坡上引燃荒草,结果被行政拘留 5 日。当时舆论一片哗然。

针对"烧杂草被拘留"问题,当地找出了所谓"法律理由",说是《治安管理处罚法》第 50 条,称"拒不执行人民政府在'紧急状态'情况下依法发布的决定、命令的"可实施拘留。

但是,这是一条错误引用的法律条文,法条中的"紧急状态"不是一个普通"形容词",它是有特定含义的宪法术语,相当于"戒严"的意思。

2004 年版的《中华人民共和国宪法修正案》,将原宪法中的"戒严"统一改为"紧急状态",规定只有国务院才能够宣布地方的"紧急状态"。

那县级机构凭什么能够宣布"紧急状态"呢?这明显是当地误用了法律条文。

这时在评论中就可以理直气壮地说对方用错了法律条文,提出批评,比如有评论是这样说的:

刚刚过去的 12 月 4 日是中国的第五个国家宪法日,"尊崇宪法、学习宪法、遵守宪法、维护宪法、运用宪法"已经是全社会的共识,更是各级行政部门、领导干部的责任,然而当地在轰轰烈烈的学习宪法活动中到底学习了什么?

这个就是当场打脸。

2. 制造概念法

把靶子竖起来，吸引舆论火力。对于一个社会现象背后的道理，其实大家都能讲，比如打小孩不对、政府官员腐败不对、人人都要讲诚信、守法律等。但怎样让我们讲的道理，能脱颖而出，更具有传播性，更让人眼前一亮呢？

这时候，就需要制造概念、提炼概念，对事件的性质做出合理的归纳，还要给予必要的提升。因为一个好的概念，它的传播性更强。

比如，某地一名落马官员，被媒体爆出他有外国人身份。我们提炼出一个"外国人县长"的概念，马上让人眼前一亮，也通过这短短的5个字就揭示出，这个官员"身在曹营心在汉"的"两面人性质"，而且这5个字有趣味、简洁、高标识。

再比如，一些地方事业单位、政府招录时，私相授受，前期量身定制出一些相当苛刻的招聘条件，就是为开后门准备的，网友就提出一个相当有杀伤性的概念"萝卜招聘"，一个萝卜一个坑。

我在写文章时，觉得这个杀伤力不够大，于是继续深挖"萝卜招聘"背后的原因，提出一个概念叫"恩荫制度"，"恩惠"的"恩"，"荫"就是"封妻荫子"的"荫"。

"恩荫制度"是中国古代世袭制的一种变相，由于封建制度下，祖辈、父辈的高官地位而使得子孙后辈在入学、入仕等方面享受特殊待遇，称之为"恩荫"。"荫"是什么？就是好大一棵树啊，前人栽树，后人在乘凉，你爹当官，你也能当官，不用跟别人站在一条起跑线上去吭哧吭哧地考试。这形成了一个身份遗传。

"萝卜招聘"这个概念，本身还是对现象做出的反讽性的归纳，而用"恩荫制度"，不仅归纳了现象，而且还指出背后封建残余的性质，杀伤力更大了。

因为在"萝卜招聘"已经被广泛使用的情况下，我们的文章再继续使用这个概念，就不太惹眼了，文章喜新不喜旧，这时候，我们就得提出更深刻、更有杀伤力的武器。

再比如某地被爆出千亿级国有企业的法定代表人，居然是一群85后、90后，而且女生居多。事情很奇怪，但是又不能随随便便定性这背后的问题，有评论作者使用了一个非常绝的概念——"嫩总"，"娇嫩"的"嫩"，"总经理"的"总"。

这个概念，一方面，向大家揭示了90后执掌千亿级国企背后的荒谬性，是"嫩娃娃"们在掌握着千亿资产；另一方面，这一语双关，"嫩总"和"嫩模"长得很像。之后，央视跟进的时候也用了这个词。

可以看出，无论是"外国人县长"还是"嫩总"，短短几个字就揭示出了问题的荒谬性，字数的短，也增强了概念的可流通性，因为字节短才可以放在标题里，也可以放在朋友圈里，这使得我们制造的这些新概念，有点像病毒传播一样，能够嵌入其他社交、媒体产品的载体中，强化传播性。

那我们要如何制造概念呢？这里我也给大家介绍几个小技巧。

第一,通过"找第一"制造概念,赋予相关新闻"里程碑"的意义,让这个新闻有看头,提升你要评论的新闻的权重。比如之前国家正好出台了相关的法律,你把这个新闻称作"《电商法》第一案"。

第二,用"比喻法"制造概念。一个新闻概念太抽象,受众觉得离他们的距离太远,这时候,我们用个比喻,就更好理解了。比如一些学生明明是中国人,却把自己弄成"留学生"的身份,以极低的分数进入清华北大等名校,我们就造出来一个"躺赢进名校"的概念。

第三,"仿词"制造概念,就是更换现成词语的某个语素,临时仿造出新的词语,改变原来特定的词义。这样的词语特别俏皮,让人印象深刻。比如前面说的"嫩总"就是对"嫩模"的仿词。李国庆跟俞渝的争斗,借用当红的电视剧的名字——《庆余年》,这是个谐音梗。

(二)侧面进攻

有的新闻事件,是非不是特别分明,论证起来就要更加小心翼翼,需要在法、理、情等梯度推进。有些没有直接违反法律的,就讲道理;道理讲完了,就讲一下情理。情理不能代替法律,但情理能够改变法律的应用。

这里也给大家介绍一下侧面进攻的小技巧。

1. 换位代入法

因为真正能打动我们的,往往是一些"常识"。在山东辱母杀人案、昆山反杀案之前,中国的正当防卫空间还是被严格限制的。基层的司法政策就是:"你能逃,但不逃,就是互殴。"在这个层面上我们能讨论的法律政策空间就不大,这时候就要使用换位代入法,用大白话的常识去破解"专业主义"的铜墙铁壁,让司法政策能够回归常识和底层逻辑,这样就能激发大家的共鸣。

比如"母亲受到这样的侮辱、殴打,你难道只是拿一本小本子把它记下来就这么完了?你还是儿子吗?""默认每一个防卫者都是黄飞鸿,对于穷凶极恶的伤害能'点到为止',那是强人所难。"

这些接地气的话,没有直接讲法律,但却用常识去战胜了冰冷的专业主义,这就是传说中的"礼失而求诸野"。

具体要怎么做呢?

我的习惯是先想一想,设身处地地想想普通人在这种情况下,会做出什么样的反应。然后自己找一句、两句大白话,总结出普通人的这些反应。而这一两句大白话,要在不同受众群体之间产生共情、共振,成为舆论场里的"硬通货",要做到自己的爷爷、奶奶都听得懂,爱点头。一旦你找到一句触及灵魂、不要经过复杂逻辑推导就能被理解的金句,就能让它支撑起立论。

2. 锚定参照物法

在我们写反驳性质的文体时,对对方提出来的一些数据、概念、定性会有质疑。但是,这些数据可能没有造假,我们无法从"是对是错"的角度来反驳,那么在这种情况下,我们就要一把夺过解释权,找到锚定参照物,对数据给出另外一种参照系。

比如多年前,网约车刚刚兴起的时候,就有地方职能部门说,按照他们的统计,当地网约车司机里面有犯罪前科的人,是达到多少多少,数字是相当吓人的,这是不是说潜在的危险分子都去开网约车了呢?

数据无从反驳。要对这种现象做出解释,我们就要找到一把标尺,一个参照系。

比如网约车的前科人员比较多,那么,作为对照组的出租车的前科人员有没有?

顺着这个思路,马上就找到了一个硬核证据,那就是2016年之前,出租车司机的准入条件,没有无刑事犯罪记录这一条的。2016年之后交通运输部对于这个问题打了一个补丁。

有句话叫"不谈剂量谈毒性,就是耍流氓",我们在使用"锚定参照法"的时候,也是一样的道理。反驳的时候就可以找出"参照物",找出"对照组"。单独一个数据,看起来比较吓人,但当我们给它一个参照物,就衬托出它是大是小、是黑是白,这样才能"横看成岭侧成峰,远近高低各不同",从而掌握对于数据的解释权。

那我们该如何找参照物呢?

第一,找到"对照组"。比如招生当中对女生有特殊的要求,那么,我们就可以找到女生的对照组男生,看看招生中对男生有没有这样特殊的要求？再比如在招录中对辅警是这个要求，那我们就可以找到辅警的对照组警察，来看看对于警察又是什么要求，为什么对辅警的要求超过了对警察的要求？

在寻找对照组的时候，要注意控制变量，也就是对照组之间，只有一个因素是不同的。像给招生当中的女生找对照组，那除了性别这个变量，我们就要控制其他因素是一致的，比如生源地一致、招生的年份一致等。只有这样，才能判断出，性别这个因素，对招生的影响有多大。

第二，"个案对照整体法"。比如很多文章会渲染皮包骨的北极熊，以此来证明环境的恶化，但这只是个案，我们不能以偏概全，而是要找到整体的数据作为"参照物"。如果找到了整体的数据，你会发现整个北极熊的种群数，其实是在增长的。

比尔·盖茨推荐过一本书，书名是《事实》，副书名是《用数据思考，避免情绪化决策》，这本书里就讲了很多这样的数据，可以避免"直线思考"。毕竟我们要给受众的不是一个数字，而是一种对比关系。

第三，借力打力，请出"尚方宝剑"。简单地说，就是在写批评性的评论时，最好是能够找到与当下实事热点相切合的"政策点"。

同样是地方政府职能部门不作为的懒政，前一年我们可以结合当地的"治庸官"来谈，去年可能是从人民群众的"获得感"来谈,那么,今年就可以结合"人民至上"的概念来探讨。

这些"尚方宝剑"应用得当,能够起到事半功倍的作用,可以让我们的文章有一个更高的政治站位,同样也是写评论重要的理论资源。

例 2-25 2017 年,山西平陆县所谓"领导出行"对限行封路,导致一名即将生产的孕妇被堵 40 分钟,其间她丈夫三次请求放行,但是执勤人员不同意。

看到这种新闻,一方面,要提高政治站位,政治上给出定性,这件事很明显有违中央"八项规定",要理直气壮地说出去。

另一方面,我们发现了新闻另外一个点。事情发生在山西平陆县,那对这个县有概念吗?在以前的课本里面,有这样一篇课文,题目是《为了 61 个阶级兄弟》。

这篇课文讲的就是在山西平陆县,有 61 个修路民工食物中毒,县里和省里无法解决大量的特种药品需求,于是人民政府动用空军到平陆县空投药品。如果找到了这个论据,我们就可以借此来拔高我们的政治站位,比如有关评论是这样写的:

"在 1960 年代通讯、交通设施如此落后的情况下,人民政府还动用包括空军空投在内的一切手段抢救生命,在这个诞生了 61 个阶级兄弟的地方,如今为何不让产妇先行?这是不是忘了初心了呢?"

这样的拔高就体现了评论本身的政治站位,"尚方宝剑"用得好,也让文章增加了杀伤力。

那我们要怎么才能积累"政策点"呢?方法很简单,就是提高自己的政治站位,《人民日报》《新闻联播》、新华社这些央媒平台,都应该有所关注。特别是像人民日报评论部的公众号,人民日报官方微博的#你好,明天#的微短评,《新华每日电讯》上的评论,这些都是我们捕捉政策关键词的重要渠道。

(三)开辟第二战场

如果遇到一些新闻,表面问题可能不是特别大,但背后的问题却相当严重,这时候写评论就不能就事论事了,而是要开辟"第二战场":跳出新闻本身,提出这个新闻背后的行业性、背景性问题。

例 2-26 在鸿茅药酒案当中,谭秦东医生被千里抓捕,我们可以正面地去谈如何保护公民正当的批评权。当时也有网民议论:这个背后有地方利益保护,但是作为评论员,我们不能随便写"警方执法就是为企业出头"之类的观点,况且,抓捕本身也有相应的合法手续。

"主战地"比较坚挺,迂回进攻、侧面进攻效果可能也不会太好,此时可以开辟第二战场,跳出案件本身的是非。比如我在评论这件事时,就写了这么一句话:

鸿茅药酒广告违法 2630 次，却安然无恙；谭医生一篇 2000 多点击量的小文章，却被千里跨省抓捕。这不是公众期待的风清气正的舆论环境。

这句话被很多自媒体尤其是医疗类自媒体，放在了标题里，大家可以看出来，鸿茅药酒和谭医生之间，形成了一个荒谬的对比。

同时，评论也不是对跨省抓捕提出质疑，而是质疑当事企业的品格，开辟了第二战场，对事件形成降维打击。

那我们要如何检索信息，想方设法开辟"第二战场"呢？这里给大家介绍两个检索工具。

第一个检索工具是"天眼查"等平台。大家可以到天眼查上搜一下这家公司，看看之前有没有受到过行政处罚？有没有被法院列入执行黑名单？如果有，文章当中就可以这么写，"这家公司之前已经被行政处罚过多次，究竟是什么力量让它获得了项目承包？"，等等。

第二个检索工具是"裁判文书网"。大家可以上去查一下相关公司、人员的判决，可能有意外的"收获"。比如在新闻之外的一个落马官员的判决书中，显示新闻中的这家公司曾经向他行贿，但是，却没有处罚行贿的事。你就可以作为"品格证据"拿出来质疑，打开"第二战场"。

二、用好论据的三套战术动作

如果说前面三条是进攻路线的话,那么下面这三条就是扔手榴弹、使用炸药包的技巧了。

(一)重复使用核心论据,形成"信息冗余"

为什么核心论据要在评论当中重复多次使用呢?因为文本的表达是一个信息传递的过程,信息在传递过程当中可能发生"丢失",也就是受众没有获得核心信息。只有将关键性的信息重复多次,才不容易被埋没。

"关键的话要说三遍",关键的证据,在文章当中也要出现三遍,形成"信息冗余"。

例 2-27 某地交警搞出新花样,闯红灯的行人要罚做俯卧撑,或者罚背交规等。这当然是有问题的,可以作为反驳的一个核心的论据就是:对公权力来说"法无明文授权,不可为",这种处罚闯红灯人的手段没有法律依据。

这就是核心证据要素,不能只说一遍。

这个核心的论据,应该多次反复出现在文章中,只有增加这个核心论点在评论中的权重,才能给受众足够深的印象。

但要注意的是,核心论据的"信息冗余",不是说一句话要颠来倒去反复说,而是我们可以在文章的前部、中部、后部，用详略得当的方式，把这个核心的论据进行不同层面的阐述。

比如刚刚提到的，对闯红灯的行人罚做俯卧撑的案例，我们就可以在文章开头，开门见山地提出"法无授权不可为"。文章当中引述《立法法》，引述专家的观点，阐述"政府的权力源自人民授权"的原理，再详细把开头提到的观点论证一遍。文章结尾，引用习近平总书记的金句，"把权力关进制度的笼子里"，再把这个核心信息重复一遍。

这就形成了不重样的"信息冗余"，让你想输出的核心论点不会被错过。

（二）举一反三，扩大话题的适用范围

例 2-28 某地机场曾经使用所谓的"弱光子安检仪"，其实就是用 X 射线做安检，每一个做安检的人都接受了一次 X 光的照射，很多孕妇也没有被事先提醒，就被 X 射线照了。这种机器并没有经过相关部门的批准，可以说是"野生上马"，既可能会对人体造成伤害，也是违法的。

原国家环境部已经对此叫停了，按理说，文章到此应该结束，但是我们写文章的时候可以继续深挖：比如生产这种所谓"弱光子安检仪"的公司，其产品并没有只用在某地机场这一个地方，这些违规的安检仪被用到了哪里，是不是还在继续影响公众的安全？

这样，我们的评论话题范围，就扩大了。

（三）有礼有节，点到为止

在批评公权职能部门的文章当中，还是应该注意火候，不能无限上纲上线。拳头要打得出去，也得收得回来。不然的话，文章本身可能会产生严重的政策风险。所以，写相关批评类文章时，得先评估职能部门的反应和接受程度，努力让评论和职能部门形成良性互动。

毕竟批评性的评论不是为了宣泄负面情绪，而是为了督促职能部门关注到一些之前被忽视的问题，做出改进。所以，在写的时候，我们还得给对方一个台阶下，同时也要注意它的传播效果，避免造成不必要的社会恐慌。

前面提到某机场违规使用"弱光子安检仪"，评论前半部分为了说明它有问题，可能集中强调它有害、违规的部分，提出的论据可能杀伤力太大，或者在二次传中"走形"，造成社会恐慌，这时候，我们就还得发出一个安民告示，比如虽然它违规，但是属于"Ⅲ类射线装置"，是"低危险射线装置"，"事故时一般不会造成受照人员的放射损伤"。所以，公众不必产生无谓的恐慌。

总之，前面突出了它违规的部分、有害的部分，后面就得避免以讹传讹。这样一放一收，就达到了舆论监督的效果。

小结：

三种论据的进攻路线，分别是：正面进攻、侧面进攻和打开第二战场，通过这三种方法，我们可以在论据中挖掘出更有价值的论点。

三套使用论据的战术动作，分别是：反复使用核心论据、扩大话题的适用范围、在评论负面消息时点到为止避免造成社会恐慌。通过这三个技巧，我们可以更合理地安排评论的行文。

第五节　锤炼论据表达的三种技巧，让你的评论成为"爽文"

评论当中，论据和论证是合而为一的。

论据不是纯粹的事实堆砌、掉书袋子，这样只会让晦涩的表达耽误那些金光闪闪的思想；而评论当中的观点论证也不可能像小说那样天马行空，完全脱离论据展开，因为再华丽的辞藻，脱离了坚实的论据，也不能掩饰思想的贫瘠。

所以，一篇优秀的评论，不仅需要强有力的观点，更需要锤炼出与观点匹配的论据风格，让每一个字，都像手里的子弹一样，打出去之后具有杀伤力，让读者读起来感觉痛快淋漓。

这就需要我们在论据的应用上努力做到极致。

下面是锤炼论据表达的三个技巧。

一、集中表达浓缩的论据

集中表达浓缩的论据，通过强势"输出"，激发读者的情感。

批评性的评论，要改变别人对这件事情的看法，必须要有强烈的感情因素、有足够的说服能力，以及超强的证据密集度。

为什么呢？

因为一篇新闻报道，它可能有两三千字，如果是系列报道，它可能有上万字，可以慢慢道来。但是，评论是"豆腐干"式的文章，要用1000字讲清楚几千字的新闻内容，同时还要提供信息增量和独到的观点。这就需要我们压缩信息，把最精彩的内容呈现在评论当中，吸引读者的注意力。

比如，澎湃新闻曾经发表了五六篇关于"第三方支付代扣黑洞"的系列报道，后来有记者跟我交流，说他们认认真真写了这么多篇，最后朋友圈里面转发最多的，是我执笔的一篇不到1000字的社论。

为什么1000字的社论反而比详细的原始报道更能够激发大家转发的兴趣呢？

我认为，这就在于评论文章的信息集中、态度浓烈，用最少的篇幅让公众快速了解到这个问题的荒谬之处，同时用最强烈的态度去谴责这样的"黑洞",提供了新的视角。

接下来我就以"第三方支付代扣黑洞"的评论为例,来和大家分析一下,评论要如何在短时间内进行密集的论据输出。

例 2-29　在社论《"代扣黑洞"不是消费纠纷,是刑事犯罪》中,针对"第三方扣费黑幕"的逻辑线,我是这样梳理的:

目前"伪商户"找黄牛开通一个代扣渠道,只需要付二三十万元。然后一家骗子公司就能摇身一变,成为"委托方",堂而皇之地扣你银行卡里的钱。

其实,原始新闻报道当中描述了多种"第三方代扣黑洞"的模式,比如"填了验证码就开始扣钱""一不小心被还了高利贷",等等。而在写评论时,我们就要学会找到主干,把枝节给去掉。与其钉一排浅浅的钉子,还不如钉一个钉子,我们就可以抓住"伪商户"开通代扣这一条来写。

而且让公众记住一个商业模式比较难,但是记住一个故事比较简单,我们就要尽量把一个复杂的现象浓缩成一个故事。

梳理完新闻的逻辑线后,接着,我们要用几段文字,把大幅报道当中的关键问题和矛盾呈现出来。

在支付代扣这件事上,我是用被骗者的可怜和违法者的肆无忌惮做对照,浓墨重彩地描绘出了其中的荒诞,我是这样写的:

有人下载一个借款 App，输入银行卡号等信息后，被要求输入"验证身份"的短信验证码，结果收到的是扣款验证码，钱就没有了。

明晃晃的网络诈骗，因为有第三方支付参与，就穿上合法的外衣，司法机关一时不便认定是消费纠纷，还是刑事犯罪。明明是网络诈骗，却让消费者先自己证明"自己没有授权过"，如果不能自己证明，那么就可能降级成为一场消费纠纷。

甚至发生过这样的咄咄怪事，一名羁押期间的嫌犯，他被警方扣押的工商银行卡中有 16.9 万元的余额，却被以网银代扣的方式盗刷。最终警察为这名嫌犯"出头"维权，将代扣犯罪团伙一举拿下。

你看，短短的几百字，就将无意识掉入陷阱中的消费者、披着合法外衣的诈骗团伙，以及司法机关的态度，都展现出来了。这样密集的论据输出，能更快让读者把自己代入受害者的角色中，看到这件事情的荒诞。

最后，评论还要把系列报道中没有一步到位点出来的问题解释出来，比如我在评论中就明确指出：

"代扣黑洞"不是消费纠纷，是刑事犯罪。

读者对于几千字的报道会有麻木感，而往往只被一两句话所触动。

所以，写评论时，论据必须浓缩再浓缩，精简再精简，把每一句话当成 1000 个字在用，让读者能从千字评论中，读出深度报道的信息量。

除了信息量，我们的评论还要让读者能从中感觉到"刀光剑影"，有一种阅读"爽文"的刺激感。

要在千字评论中，达到这样的效果，我们具体该怎么做呢？这里给大家分享几个小技巧。

（一）要在 50 字内准确概括出新闻的关键内容

不要直接抄导语。因为导语的使用目的，跟我们写评论的使用目的是不一样的。传统新闻里的导语，是为了尽可能概括新闻的 5W 要素；现在的导语，是为了吸引读者把这篇文章读下去，需要把里面最抓眼球的几个关键点给拎出来。

评论新闻已经是"第二落点"，5W 的要素信息，就不必全部呈现了，因为在之前的新闻中，这些要素都已经很齐全了。尤其是像这种"湖南省郴州市永兴县大王乡中王村小王自然村"新闻要素，就没有必要重写一遍，这是一种浪费，也是评论里的"视觉污染"。

（二）在裁剪事实时，要有强烈的是非态度

评论是要有自己的观点的，所以我们要用好新闻当中的论据，通过裁剪事实，在第一段就表明态度，要把所谓的"好人""坏人"安排得明明白白，为后面引导读者做出是非判断埋下伏笔。

评论本身的篇幅就不长,第一段更加不能浪费,得从头至尾,做到强力的"输出",都要做到"人剑合一"、论据和论证的合一。

例 2-30 "当当网李国庆抢公章事件"当中,我是这么概括新闻的:

一度被排挤出门的当当网创始人李国庆,带着自己的 5 名彪形大汉,就在当当公司里面如入无人之境,抢走了 40 多枚公章。

"5 名彪形大汉"是一个亮点,它是客观描述,更在主观上表达了态度,"5 名彪形大汉"会让你脑补出李国庆抢公章时的场景,为后面引导读者做出是非判断埋下伏笔。

(三)通俗易懂地写好开篇第一句话

很多评论的新闻由头是政府下发了相关文件、召开了相关会议,这种新闻可能是有料的,但是"壳"过于坚硬,可能会出现一堆官员头衔、机构的名字,以及冗长的文件名称,而且在操作这些新闻由头时,还不能随意精简头衔、文件名称。

这时候,我们就要用好"开篇一句话",先用大白话概括一下整个新闻的内容,抓住读者,让大家知道你要写什么,然后再转向相关新闻报道。

例 2-31 澎湃新闻的一篇社论,题目是《严把国际学生入口关,杜绝"躺赢进名校"》,它的第一句话就是"国际学生的入学'门槛'提高了",第二段才正式介绍教育部的新闻内容,"近日,教育部修订出台《关于规范我高等学校接受国际学生有关工作的通知》"等。

这样,方便读者在一开头就读到评论的核心内容。

(四)要挑选具有杀伤力的论据

例 2-32 自媒体人兽爷写的一篇评论,题目是《疫苗之王》,它的杀伤力就非常惊人,掀起了一场互联网风暴,得到了国家的重视,也改变了中国疫苗行业的格局和执法标准。

这篇评论收集了之前诸多有关长生生物以及疫苗行业的报道,兽爷把其中最动人心魄的、挑动公众情绪的地方,最能引爆大家深深不安的新闻爆发点,做了一个"蒙太奇式"的剪切,比如他写道:

延申的狂犬疫苗被发现造假,发现的时候,江苏延申的18万份疫苗已经流入21个省107个疾控中心,全部被注射进了病人体中。江苏延申表示,我们无能为力。

案件发生后,董事长和另一位大股东却毫发无伤。江苏延申很快东山再起,仅仅半年之后,就获得了防疫部门160万人份甲流订单,价格超过亿元;不久又获得了甲流疫苗生产牌照。

类似的猛料，在评论中还有很多。

这篇评论，不仅素材够劲爆，它的表达也非常有杀伤力。

第一，它在表达上有强烈的感情输出。比如兽爷没有说"使用疫苗"，而是说"打进孩子的血管里"，这是一个画面感很强的细节描写。

第二，面对官方公布的数字，兽爷还有意识地画了重点，对数字做了具象化的解释，让大家对这些数字的意义有更清晰的认识。比如"吉林省没收了库存的186支疫苗，对长生生物罚款300多万"，这是官方数字，但公众不一定能够get到里面的梗，兽爷就把问题挑明了，说："只没收了186支，长生生物的库存真多啊！"

这些有杀伤力的论据和表达，让人在短短的一个篇幅内，惊讶地发现：

中国多家龙头疫苗企业却是劣迹斑斑，几个大佬"同气连枝"，被打进血管里的疫苗被这些人掌握着。甚至在江苏延申疫苗造假被追究刑事责任之后，相关实际控制人还能全身而退，继续把企业做到400亿市值。

兽爷把中国疫苗行业千头万绪的问题，归纳到了几个相当荒谬的点上，一下子触发了大家的敏感神经。

新闻界有一句话叫作"每天给你讲个故事"，评论的论据使用当中，叫作"每一句都要有杀伤力"，这样才能让整篇文章形成一把"加特林机枪"，让文章有"爽文"的特质。

二、表达和论据高度结合

让表达和论据高度结合,用热腾腾的文字来讲冷冰冰的道理。这种方法,适合信息增量不大的评论话题。

例 2-33 就"湖南新晃一中埋尸案",新闻报道中已经爆出了很多猛料。如果在后续的评论写作当中,我们还是不咸不淡地把这些大家都知道的猛料再排列一遍,那么只是重复别人的劳动,意义不大。

在大家已经熟知各种论据的情况下,要想把评论写得出色,不仅要浓缩这些猛料,还需要充分利用文学才能,用热腾腾的文字讲冷冰冰的道理。

我在《让正义不辜负曾被"深埋"的邓世平老师》的评论中,是这么复盘新晃一中埋尸案徇私枉法的:

这是一串让人窒息的名单,从一线的侦查员到刑侦大队长,到公安局长,到检察长……理应主持公正、追捕凶手的司法人员,和凶手的舅舅把酒言欢,各种请托,各种私相授受,徇私枉法。觥筹交错之中,渎职官员仿佛在咀嚼着邓世平老师的血肉,对一条生命的追问就被这样封杀。

在相关评论中我又写了一段,渲染邓世平老师死亡的悲惨:

在 16 年时间里,新晃一中一届届的学生,就在埋着邓世平老师遗体的操场上长大成人,草皮之上是阳光和少年,草皮之下却是森森白骨。犯罪分子的阴毒、残酷超出善良的人们的想象极限，腐败、渎职官员草菅人命的罪行，让人发指。

后来，有电视台连线我点评这个个案，编导老师强调："千万不要用上面这段话，大白天让人寒毛都竖起来了"。你看，这其实是文字的力量。

那要怎么把冷冰冰的道理，用热腾腾的话说出来呢？

（一）利用细节描写、场景描写等，把抽象的场景具象化

比如，我就把官员徇私枉法掩盖邓世平老师的案件，具象地说成"咀嚼着邓世平老师的血肉"。原本只是一个普普通通的掩盖案件的抽象动作，但我尝试换了一个更有画面感的动作，把这个动作具象化，读者感受到的感染力就不同了。

（二）密集地使用成语，让文章铿锵有力

比如在写新晃一中案背后的权钱交易时，我就连续用了"把酒言欢""私相授受""徇私枉法""觥筹交错"等成语。在写文章时，连续用四五个成语，文章的节奏感就不一样了。

总之，如果评论不能够自身增加信息量，那么，对于原始的信息不能够照搬照抄，而是要对于既有的论据进行"加压""浓缩""文学化"，让它更具感染力和杀伤力。

作为编辑，我们编稿子的时候，有时会觉得文章就差一口气，该点的那几句话没有点到位，该捅破的窗户纸没给捅破。没有对既有新闻材料的升华，也没有对它美学化、金句化、可传递化。这就有问题了。

三、反刍专业新闻

简单来说，就是经过足够充分的咀嚼后，把一些复杂的信息，用一种更容易理解的方式，展现给读者。

这个方法，非常适合用于专业话题的评论。比如很多新闻涉及非常专业的金融、税收、法律、建筑、消防等知识，读者理解起来是相当吃力的，那么作为评论员，就要承担信息的"翻译官"，把复杂问题通俗化。

比如一篇文章写完之后，要反复读三遍，然后问自己，读得懂吗？在自己拿着手机不认真的状态下，能读懂吗？对这个话题不是特别感兴趣的人，能读懂吗？

所谓"曲高和寡"，在互联网时代写作，你只有放低身段，在专业的基础上进行"通俗化"的打磨之后，才能够取得更大范围的共鸣。

反刍出专业新闻的三步法，分别是比喻、代入和归谬。

（一）比喻

比喻，就是先为读者打造一个熟悉的模型，把一个新的概念嵌入读者之前的知识结构中。

从心理学上说，我们在接受新的知识时，如果放在旧有的框架内进行学习和吸收，就会更容易理解。同样，在运用论据的时候，要做好"过渡"工作。我们可以从两类事物的相似点出发，通过对比、类比等有效的方式，构建一个更为大家所熟知的模型，再把这个新的、过于专业的新闻放在这个模型里，方便读者理解晦涩的专业知识。

（二）代入

代入，是把这个新闻事件代入前面所讲的那个模型当中。我也给大家举几个例子，详细说说这三步要怎么运用。

例 2-34（1） 澎湃新闻曾发表过一篇社论，题目是《"先予仲裁"不能成了P2P的新套路》，这篇社论就试图用一段简短的文字对"先予仲裁"这个专业问题给出解释。

什么是"先予仲裁"呢？

这个概念其实挺复杂的，我想了很久，怎么用一个大家能够理解的方式去解读这个概念。最后，我为读者打造了一个模型，在社论中写道：

一个人没有去抢劫，法院对他的"判决书"却已经下来了，只要他真的抢劫了，那么就可以拿着判决书去枪毙他。这听着很荒谬！其实是剥夺了当事人的正当申辩权。日前，被最高人民法院叫停执行的"先予仲裁"也是如此。

这是第一步，给大家一个直观的印象，这样的"先予仲裁"机制就是"未审先判"。

第二步就是将新闻原内容"代入"前面的比喻当中,我在社论中是这样写的:

你还没有违约,甚至平台还没有全部放款,你的"违约仲裁书"就已经出来了,这个"业务创新"给个别的仲裁委员会带来了巨大的业务收入。

通过这样的比喻和代入,让大家一下子就明白"先予仲裁"到底是什么样的东西了。

第三步工作,就是对整个事件进行归谬,看看问题到底出在哪里。

(三)归谬

归谬,就是水到渠成地指出整个模式的荒谬之处。

例 2-34(2)《"先予仲裁"不能成了 P2P 的新套路》这篇社论中写道:

这种"先予仲裁"是把作为准司法机构的仲裁委员会变成了 P2P 平台的"法务部"。

而这个机制有多荒谬呢?广东某仲裁委在 2017 年"网络仲裁"的案件居然高达 159 多万件!用这个论据够不够?不够怎么办,我们前面讲到过的"锚定参照物法",你不给参照物,我怎么知道它有多大有多高有多坏呢?

于是我们在社论中给了一个参照物,广东某个仲裁委员一年搞了 159 万多件仲裁案件,而要知道,"整个广东省三级人民法院、这么多法庭,也只能审结约100万件"。这个仲裁委员会的审案量超过广东三级法院,这说明什么?它本身就是为了赚钱在"批发仲裁书",根本就没有起到司法正义的作用,是在做P2P的法务部。

通过这三步,就将原来读者难以理解的"先予仲裁"给解释清楚了,并且意识到了它的荒诞性。

例 2-35 湖南某地"固体饮料冒充特医奶粉"事件,官方的结论就是,这些饮料是"质量合格"的,所以生产厂家没有问题,错在当时做虚假宣传的那家母婴店。

你想反驳,但是当中的因果关系转了好几个圈,又涉及普通食品和婴幼儿奶粉两种不同的监管机制,怎么把后面的关系,用最简单的文字讲清楚呢?还是用反乌新闻的三步法。

第一步比喻,我们可以做一个类比,有人拿白砂糖当成治癌症的特效药卖,这就相当于"固体饮料和特医奶粉"的关系。

如果白砂糖的包装上白纸黑字写着"白砂糖""甜得像初恋",若还有商店把它当成治癌症的特效药卖给顾客,那么就是商店的问题。但是现在不是这样,这包白砂糖上面写着"癌克星",广告词中写的是"靶向精准,深入病灶",只是包装的角落里写了"蔗糖"两个字。

第二步代入,把固体饮料冒充特医奶粉的事件,代入刚刚构建好的模型中,我们可以这样说:在这起事件当中,企业把固体饮料的名字取名叫"倍氨敏",打的广告词是"深度水解乳蛋白无乳糖配方"，用的是婴儿配方奶粉的包装。

第三步归谬，揭露这件事的荒诞之处我们可以这样说：你把固体饮料包装成婴儿奶粉的样子，安的是什么心？这和白砂糖在外包装上写上"癌克星"有多大的区别？不就是为了打擦边球吗？板子能全部打在母婴店身上吗？

例2-36 某财经媒体报道出过一个大乌龙。它把某房地产企业去年、前年、大前年等几年的财务报表里面的"应交税款"项目加起来，然后就说，这家房地产企业"拖欠国家税收高达几千亿元"，是个天文数字。

这个算法当然是错的，你写评论时，不能够站在会计学的角度跟大家说，"应交税款"不能够加，怎么用最简单的模型帮助大家理解呢？

还是三步法：

第一步比喻，小明买房向银行贷款，每年付按揭，第1年还欠银行100万元，第2年还欠银行90万元，第3年还欠银行80万元，那么你是不是可以说：小明三年累计拖欠银行贷款高达270万元呢？

第二步代入，你把财务报表里面"应交税款"项目三年的数据加起来，就相当于你把小明的三年贷款余额加起来。

第三步的归谬也就水到渠成了。通过小明贷款这个"诱导模式"，能够非常方便地向读者解释前面那个新闻出错的地方，而不是站在会计学的角度跟他进行解释。

在专业的媒体上，针对专业的读者，讲一个专业的话题，可能不是很吃力。但是，在大众媒体上讲一个专业的问题，要把问题讲清楚，还要把背后的是非对错讲明白，这就非常考验我们的表达能力以及对于论据的使用能力。这时候，运用像比喻、类比这样的"诱导公式"，帮助大家理解复杂的事件，就显得很重要了。

小结：

锤炼论据表达的技巧有哪些？

第一，在面对有"猛料"的新闻时，可以集中表达浓缩的论据，通过强势"输出"激发读者的情感。

第二，在面对没有信息增量的新闻时，可以通过文学化的手法，将冷冰冰的道理用热腾腾的文字讲出来。

第三，在面对读者难以理解的专业领域新闻时，可以通过新闻反刍的三个步骤——比喻、代入、归谬，来帮助读者理解复杂的事件。

第三讲
怎样练成别人杠不赢的强逻辑

佘宗明：《新京报》评论部原副主编、《新京报》年度评论写作金奖获得者，80后评论界"老匠人"。在评论道路上死磕了13年，两度获得《新京报》年度评论写作金奖。他常说自己是典当一孔之见的文字匠，主张"评论是不被现实闷死的深呼吸"。"追求力度、厚度与温度的平衡"，是他对文字的拿捏之道。

第一节　为什么说逻辑是评论的骨架

在我看来，没有逻辑的评论，就没有价值、没有说服力、没有力量感。

说到逻辑，我得说个小事：其实我以前挺怕跟人争论的，不是因为理亏，而是因为我每次跟人争，就容易口吃，语无伦次。后来评论写多了，口吃竟然也被治好了，上电视台做节目，虽然普通话让人捉（着）急，但层次感与条理性还不错。

但现在细想想，其实不是写评论治好了我的口吃，而是我在写评论过程中进行了大量的逻辑训练，这些逻辑训练让我跟人争论时争得有底气。

因为写评论不是自说自话，写评论时，总会想着，我的观点必须经得起辩驳，能打败那些喷子与杠精。而讲逻辑，就是"怼"过喷子、"杠"赢杠精最关键的杀器。

那为什么评论最关键的是逻辑？什么样的逻辑才算好逻

辑？要怎么训练自己形成好逻辑？该怎样讲逻辑？又该警惕哪些逻辑误区？

一、评论最关键的是讲逻辑

为什么评论最关键的是讲逻辑，以及我们如何通过逻辑给评论添色？在阐述前，我想先讲两个小"故事"。

例 3-1 小学时我跟同桌经常被坐在我们后边的同学欺负，反映到班主任那里，总免不了被训上一通，班主任会说："一个巴掌拍不响。""他为什么只打你，不打别人？"

那时候我觉得这两句话简直无懈可击，心想：一个巴掌确实拍不响，我们被打，自己肯定也有错。

可现在我再想想，觉得这两句话还是挺扯的："一个巴掌拍不响"跟我们被欺负之间，有什么必然关系吗？各打五十大板，除了混淆主次责任、模糊是非，还有什么价值？

还有，打人确实总有原因，可这原因就不能是打人者太蛮横霸道吗？凭什么就认定挨打的人有错在先？这确定不是替暴力开脱？

那我为什么会有这样的认知转变？
原因只有一个：学会了逻辑。
学会了逻辑，我们就能识别出像"一个巴掌拍不响"这样的流氓逻辑,这类流氓逻辑还有很多,比如"可怜之人必有可恨之处",再比如"苍蝇不叮无缝的蛋,你被性骚扰都是你自己招惹的"。这些话除了用"受害者原罪论"给受害者再进行一场道德凌迟外,没有其他意义。

对评论写作来说,识别出这些流氓逻辑,一方面,可以让我们避免用类似的逻辑来行文;另一方面,可以让我们找出对方的逻辑漏洞,进行驳斥。

例 3-2 某辩论节目有一期主题是"丑闻主角活该被万人虐吗"。

节目中,有的选手说"该",出来混,迟早是要还的,虐他只是教育他,是舆论制衡和道德施压。也有人说"不该",依据是万人虐就是网络暴力,网络暴力天然非正义,怎么能为网络暴力正名呢?

听着都挺有道理,是不是?

节目主持人却对概念做了一番拆解:节目上很多人拿当时很热的"优衣库视频门"做例子,把视频中的男女视作丑闻主角。很多所谓的丑闻不能算当事人的丑闻,只能算是悲剧。就优衣库视频门来说,如果非要说这是丑闻,那丑闻主角也是传播者,而不是那对男女。

他实际上是将这场讨论提升到了更深的层次:讨论"丑闻主角该不该被万人虐"前,我们更需要的,或许是拆解一下——"丑闻"这个命题是由谁来界定的,它是由站在道德制高点上的"万人"界定吗?"丑闻"会一直是丑闻,还是只是受当时人们道德认知的影响?

为什么节目主持人能说到更深层次的问题?因为他对论题进行了抽丝剥茧式的逻辑分析。他能在看到一个话题后,往下面再扒上几层,揪出话题背后最本质性的东西,然后做出鞭辟入里的论述。这也是我们在评论写作中需要训练的逻辑能力。

提这两个故事,是因为我想说明两点:第一点,培养逻辑能力很重要,它会让我们识破很多似是而非的东西,让我们看到很多问题的本质。第二点,对于评论写作来说,逻辑尤其重要。因为评论是一种致力于说服读者的文体,是要跟人讲道理的,而你的道理要让人信服,不是靠"重要的判断说三遍",更不是靠凭空而来的价值观输出,而是靠逻辑。

在这里,我得专门强调一下,可能很多人觉得逻辑就只是"文本论证",我觉得这个理解有些窄了,逻辑的内涵其实很丰富。

它是依托在经验、学理、数据、现实语境等层面都站得住脚的交叉共识而形成的思维方式、给出的价值判断,既包括"看得见的"文本论证,也包括有说服力、能打动人的论证方法和技巧。我课程中提到的评论逻辑,也是基于这样的定义,它能体现在论点上,也能体现在论证中。

二、如何通过逻辑给评论添色

(一) 用逻辑链条,增强评论的说服力

很多人没怎么写过严格意义上的新闻评论,但喜欢在微博、朋友圈、头条上发表对时事的看法,比如在朋友圈转发新闻,然后加一两句个人看法,或者直接在微博留言等。有些看法很难让人信服,经常是他从 A 角度说了个观点,我站在 B 角度一下子就驳倒了。

例 3-3 "老人逼让座"的现象,前些年就很常见:"地铁上暖心小伙给孕妇让座,却被大妈一把抢过去:我是老人我先坐","老人公交车上要求男孩让座,拒绝后竟坐其腿上"……

如果让你就这类现象发表观点,你的核心论点是什么?

很多人的观点可能就是:"应该让座,因为要尊老爱幼。"

我觉得这观点说得就很浅,逻辑性很弱,因为它只从道德维度做了价值判断,缺乏向更深层次的延展。这也很容易遭到反驳:公交座位本就先到先得,凭什么搞道德绑架。

要是我,我的核心观点就一句:让座是情分,不让座是本分。"情分""本分",这两个词看起来只有一字之差,但含义完全不一样。

这个观点其实就是把问题拽到"道德—权利—义务"的逻辑框架下去审视。

从价值优先度来说，我们评判一件事该不该做，首先，就得看法律层面，法律有没有相关规定，这是不是我们的义务，或者说我们有没有权利不做；其次，是看道德层面，很多好事，我们有不做的权利，谁也不能拿道德绑架我们，当然做了确实会给我们道德上加分。

结合这层逻辑，给老人让座的性质就很清晰了：让座的确是美德，但个人没有让座的义务，让不让座是个体的权利。我让座，那代表我高尚；我不让座，只要不是占用老弱病残孕专座，就无可厚非。

这观点显然更难以辩驳，因为它把问题涉及的几个层次进行了由浅入深、由先到后的排序，理顺了这里面的逻辑链条。

事实上，很多事情都跟写评论有相通之处，比如说，你要去找老板申请加薪。你不能到了老板办公室就一句话："我要涨工资。"你得说出个一二三四来："因为我承担了我这个待遇不该有的重任，因为我业绩超标，因为我的能力得到了市场的认可……"说这些，其实就是为了论证一个核心观点：我的能力值得更多的工资。

这就像是在写一篇"怎样说服老板加薪"的评论。你的逻辑能力越强，加薪成功的概率越高。写新闻评论也是这样，有了逻辑支撑，说服力也就更强。

（二）用逻辑升维，提升评论的纵深感

这个逻辑升维，和我们常说的"降维打击"中的"降维"是相对的，具体是什么意思呢？简单地说，就是逻辑要立足于更高的层次、更专业的视角，思考的广度、深度和厚度都要在"常人思维"上有所提升。跳出常见的点、线、面，以俯瞰全局的立体视角去看问题。

例 3-4 "公考热"是个被说了很多次的话题——这些年，公务员考试考生人数动不动创新高，像海关、税务等热门职位经常出现几百比一的招录比例。那对这个现象，我们该怎么看呢？

有些人可能会从个体选择自由的层面去谈，认为对铁饭碗趋之若鹜，是个人的选择自由；有些人可能会从公务员福利待遇的角度去说，认为这反映出了公务员的"铁饭碗"属性远没有打破，这也需要公务员分类改革加速。

这些观点对吗？当然对。但说多了，也就成了老生常谈。那怎么样说出一些让别人觉得耳目一新的新道理来？

这个时候，你就需要站在巨人或思想家的肩膀上去思考问题，来提升自己思考逻辑的维度。

回到公考热这个话题，在评论写作中，如果你能用上制度经济学家诺斯提出的两个概念——"生产性努力"和"分配性努力"，那么评论就能立马提升好几个档次。

"生产性努力""分配性努力"听着很专业，但意思却不

复杂:"生产性努力"是指将主要精力投入生产中,着力把"蛋糕"做大;"分配性努力"则是指把精力用在分"蛋糕"上。在诺斯看来,当更多人都不愿将努力放在生产上,而是用在分配上时,对社会必然是坏事。

而考公务员对应的,就是"分配性努力"。这的确是个人选择,无可厚非,但从社会角度上讲,全社会对公务员趋之若鹜,肯定不是什么好事。因为大家想的都是争取好的福利待遇,而不是创造性工作。这只会造成社会整体活力下降,非但如此,公务员岗位捆绑的特殊福利也会越来越难解绑。

这样一分析,评论就有深度多了,知识增量、价值含量也立马有了。它提升的,就是评论的专业维度。

这倒不是说,评论就非得套个理论的外壳进行包装,把简单问题复杂化,只是想说明一个道理:拥有专业化认知是逻辑升维的重要途径。

对一个热点话题,评论可能有100种角度,这些角度不一定有绝对的好坏之分,但从专业角度进行逻辑思考的评论,肯定要高于不专业的。

(三)避开两大忌讳,增加评论的条理性

1. 没逻辑

在我看来,没逻辑就等于瞎扯。没逻辑的表现是什么?语无伦次,条理不清,不切实际,自我矛盾。

作家和菜鸟都很喜欢在公众号文章后面附上一句:"我所说的都是错的。"

他说这话本意是消解话语权威,但说实话,就这句话来说,它是没逻辑的:如果他所说的真的都是错的,那说明他这句话是对的;如果这句话是对的,那他说的就不可能都是错的。这就是自我矛盾。

还有些没逻辑,纯粹是字符的无逻辑拼接。在网上,有人就专门整理出了一份"没逻辑歌词大全",其中包括:"你喷的火,是我的造型""我们背对背拥抱""摩擦摩擦,在光滑的地上摩擦"……这些歌词很多是为了追求押韵而放弃逻辑。

我们显然不能将这些路子带到评论写作中来。

2. 没逻辑的逻辑

没逻辑的逻辑是指什么呢?说白了,就是似是而非的伪逻辑。套用韩寒的话来说,世界上有两种逻辑,一种是逻辑,另一种是没有逻辑的逻辑。

没逻辑的逻辑,有个典型的例子就是"学历无用论"。兜售"学历无用论"的人,通常是将"学历决定论"作为靶子,然后举出一些例子说明:高学历算个啥,上了大学,不还是得给没上大学的高中同学打工吗?

你听着是不是也觉得有几分道理?可这站得住脚吗?

例 3-5 我曾经写过一篇评论《别以为"20 亿级别富豪一半没有高学历",你就可以不用上大学》,就是针对"学历无用论"的。

这篇评论的由头有两个：一个是网传的两组名单，前面是明清两朝的科举状元，什么傅以渐、王式丹等，后面是落第秀才金圣叹、蒲松龄等，这是很多渲染"学历无用论"的鸡汤文的标配式开头，标题就是——"科举状元 VS 落第秀才：学历没那么重要"。

另一个是 2017 年胡润百富榜对国内 2000 多位 20 亿元级别富豪学历的统计——"半数无全日制本科或研究生学历"。

这两个名单叠在一块，似乎成了"学历无用论"的铁证。但真的是这样吗？

我在那篇评论里对此进行了驳斥，认为用"高学历房奴"和"低学历土豪"的极端化标签，预设高低学历对应境遇的必然性倒挂，是反智的判断。

我结合"大数据"和时代背景，给出了几个论断：

比如，高学历固然不能确保"成为富豪"，但却能为不掉入"社会底层"保底。从大面上看，拥有更高学历的群体，往往也比低学历"入贫"的概率更低。

又比如，宗庆后等第一代创业企业家素质主要包括勤奋和务实等，他们读到大专或初高中，在当时已经不算低学历了。而新一代年轻创业者很多都需要依托知识经济和互联网信息创富。在将来，知识贫乏者"成功"的土壤，会越来越薄。

这比没有数据支撑、只有个人感性判断的"学历无用论"，显然要科学得多。而"学历无用论"说白了就是一种典型的

"没逻辑的逻辑",看似有道理,其实很片面。

还有些没逻辑的逻辑,体现为不就事论事,总上纲上线。这听起来是讲逻辑,其实是对逻辑的破坏。

例 3-6 我们看完电影,偶尔会在网上发一句感慨:这部电影真难看。可是,不经意发出的电影评论,可能被网友怼得体无完肤。

"有本事你拍一个来看看?"

"你是中国人吗?就知道说国产片不好看!崇洋媚外!"

"这么多烂片不批,你怎么就单单批它?"

"不好看就不要看,滚到隔壁看美剧去。"

没错,这些无脑喷,就是很多喷子的逻辑。他们往往是立场先行,花式开怼。

大概也正因为这种喷子太多,连歌手李荣浩在微博上吐槽物业后,都在最后用上了"防杠声明",说:"以上内容单指我家和我以前家的物业,我相信这世界上 99.999% 的物业都没有这种问题,都是大好人,可能我情况比较特殊,所以请物业爱好者们不要 diss 我,我说的是我家那个物业。"

是不是挺讽刺的?

在评论写作中,显然需要跟这种没逻辑的逻辑切割。你可以反驳一个人的观点,但不能搞阴谋论、诛心之论,把正常讨论政治化,把楼盖歪、把水搅浑。

比如，我要反驳你的"电影难看"，我可以说："我对此有不同看法。我觉得这部电影讲了一个很好的故事，悬念迭起，细节讲究，小人物的心酸，在黑色幽默中体现得淋漓尽致……"

这就是讲道理的正确打开方式：它不是为了扣帽子、贴标签，不是为杠而杠，不是搞人身攻击，而是把道理摆出来，把逻辑亮出来，让别人觉得：嗯，有理有据有逻辑，确实就是这么回事。

让人信服，就是逻辑的力量。

小结：

通过逻辑让评论增色的技巧有哪些？

第一，用逻辑链条，增强评论的说服力。

第二，用逻辑升维，提升评论的纵深感，让评论告别"跟帖"水平。

第三，评论不能没逻辑，也不需要伪逻辑。

第二节 什么样的逻辑才算是好的逻辑

什么样的逻辑才算是好的逻辑？在回答这个问题之前，

我们得先知道什么才是靠谱的逻辑。

很多人可能都看过宋小宝的一部小品,叫《吃面》。

在小品里,他进了餐馆照着菜单点了个"海参炒面",结果面上来后却没海参,一问,老板说炒菜的厨师就叫海参。

此海参非彼海参,成了包袱。

类似的段子,还有"——我想静静。——谁是静静?"

这两个段子的梗,其实就源于一点:同一个词前后的含义不一样。这种技巧,用在段子里能制造出效果,用在评论文章里就是逻辑不合格了。

这种不靠谱的逻辑,问题出在一个词有多种语义上。那还有些不靠谱的逻辑,问题则出在前后矛盾上。

比如我说:"张三死了,但他又还活着。"这就不合适了。非要这么说,那就是在效仿臧克家写现代诗,而不是写评论了。

又比如张三说:"金庸比古龙更懂武侠。"李四说:"你瞎说,金庸不可能比古龙更懂武侠!"这时候,我以骑墙派的姿态说:"我觉得你俩说的都不对。"这个也很荒诞。

靠谱的逻辑,显然该避免这些问题,我们得确保同一个词不出现歧义,前后说得不矛盾。

说得更进一步,其实就要求,我们的表达要遵循形式逻辑三大定律——同一律、矛盾律和排中律。

同一律,意思很简单,就是前后提到一个概念时,内涵和外延必须保持同一。不能在一段话里两次提到张亮这个名字，前面的"张亮"指知名男模，后面那个"张亮"指张亮麻辣烫，概念前后必须一致，否则很容易闹出笑话来。

而矛盾律，简单地说就是两个绝对矛盾、相互否定的情况，不可能都对，一定有一个是假的。你前面说某个人很讲诚信，后来又说他撒谎成性，这就前后矛盾了。

那排中律又是指什么呢？它跟矛盾律有点像，但又不完全一样，意思是相互矛盾的命题不可能都假。我前面举的例子里，张三、李四抛出的命题是相反的，但覆盖了事情的所有可能性，你不可能把两个都否认掉。

也只有满足了这三大定律，逻辑才能自洽。当然，这三大定律只是形式逻辑的基本规律，是避免说话、写作没逻辑的"指南"，满足了这三大定律，才算得上是合格的逻辑。但请注意，是合格的逻辑，还不能算是好的逻辑。

那什么才算是好的逻辑呢？

依我看，好的逻辑通常有三个关键特质：一是要有理性思维——别轻易成"键盘侠"；二是要有知识增量——不要贩卖大路货；三是要有人文底色——别怕被骂"玻璃心"。

为什么要有这三大特质？因为逻辑是帮人实现清晰思考和清楚说理的工具，既要立得住、说得对，也要有说服力、能打动人。

而理性思维、知识增量和人文底色，分别是从价值取态、方法论和伦理维度来增强评论的说服力和感染力的。

一、要有理性思维——不能轻易成了"键盘侠"

虽然说人是情绪的动物,再理性的人也很难做到看问题不带情绪,但是理性依然是讲逻辑的前提,真正的理性能让我们跳出情绪化的旋涡,不被轻易带节奏。

我们可以看到,网上有很多人写东西都是带有强烈情绪的——他们就是要煽动、要攻击、要批斗,而不是要讲道理。这些人有一个共同的名字,叫"键盘侠"。

例 3-7 "网红医生"张文宏不建议小孩早上喝粥这事本来没什么,愣是被一些人借题发挥,骂张文宏医生"崇洋媚外",搅起了一场风浪。

这是怎么回事呢?张文宏做了个视频讲座,他说:"绝对不要给孩子吃垃圾食品,一定要吃高营养、高蛋白的东西,每天早上准备充足的牛奶、充足的鸡蛋,吃了再去上学,早上不要吃粥。"

这结论一抛出来,确实颠覆了很多中国人的日常经验,也触到了传统养生学的逆鳞——因为我们从小的早餐食谱就有"粥+咸菜",而现在张文宏居然告诉我们早上不要喝粥?

大多数人也就止于半信半疑这个层面,毕竟在食物营养方面,信经验不如信专家。可在微博上,就有几个大V和一堆网友蹦出来了,他们直接给这段话扣上了"崇洋媚外"的帽子,说牛奶跟三明治是西方人的早餐标配,喝粥是中国人的早餐习惯,张文宏说牛奶、三明治比粥好,就是抬高人家贬低自己。

这个就是典型的"键盘侠"思维。同一个话题,你跟他谈营养学知识,他跟你说文化自信。本来是科学命题,愣是跟文化自不自信、爱不爱国扯到了一块。

本质上,这种思维就没有理性可言,它把不是一个逻辑层面的问题扯到了一块,结果还以一个不相干的结论去定性了一件事,这是典型的不就事论事,上纲上线。

我们写评论得恪守理性,而不是被"键盘侠"带着跑。我们来简单分析一下这件事:

从专业角度来看,张文宏不建议喝粥这事儿,说得有错吗?其实没错。白米粥可以减轻胃肠消化负担,但白米粥的营养密度太低,几乎都是淀粉和水,没有太多每顿必需的蛋白质、维生素和膳食纤维。对小孩来说,小孩的胃小,白米粥占着肚子后,他们可能吃不下那些有营养的食物。

这张文宏只不过是说了个科学道理,即便我们不服,也该是从科学角度去批驳他,而不是随随便便扣帽子。

从理性思考的角度来说,这类事件的"正确打开方式"是:首先,我们要去评判张文宏说得对不对,先得让专业的归专业,看他说的内容在专业层面是不是站得住脚;其次,我们要试着去分析那些反对声是不是够合理,如果有逻辑漏洞,那漏洞又在哪儿;最后,我们就可以通过专业结论和对错谬逻辑的批驳，建立起理性的驳论逻辑。

针对这事，我还想做点延伸：现在有个新闻理论挺流行，就是"建设性新闻"理论。它主张新闻报道要更注重"解决问题"而不是"制造问题"。在我看来，新闻评论原本也该是这样：不是说不能批判，而是应该更侧重建设性而不是破坏性，更侧重讲理而不是搞人身攻击。

就拿前面说的"某个电影不好看"来讲，你要批驳，也该是摆事实讲道理证明它很好看，而不是扯一大堆有的没的，拿身份、动机、政治说事，却避谈影片质量本身。

总之，好的逻辑必须是理性的，不是强词夺理扯歪理，而是有一说一、把事情放在同一个频道讲道理。

二、要有知识增量——不要贩卖大路货

"大路货"就是那些"量大面广很一般的商品"。好的评论，要输出的是好的论证方式和观点，而不是那种大路货式的观点产品。

这就要求我们写评论要用专业论述和击中要害的论点，去支撑好的逻辑，而不只是讲得对就行了；要让自己的评论"万里挑一"，而不是跟人"千篇一律"，毕竟很多时候，讲得对跟讲得好是两码事。

比如你问我："人为什么要吃东西？"我说："因为人会饿"。我说得对吗？当然对。可这份答案只能算"对"，而不能算"好"。

如果我从生物生理学角度告诉你:"蛋白质、脂肪和糖类都可以产生能量,维持生命,而身体时时刻刻都在消耗能量,吃饭的目的是补充能量以供日常消耗所需。"那这个答疑解惑的效果就好多了。

说白了,要把道理讲好,通常需要讲得够深、够透、够专业。

那为什么好的逻辑需要知识增量呢?

一个很重要的原因是新闻总在不断地重复,今天大家在关注社畜、发际线、中年危机、中产焦虑等话题,明天这些话题还会出现……所以,如果你总是掰扯些老生常谈的东西,那么就满足不了读者的期待。

你得说些有知识增量的观点才能为逻辑润色,为评论增色。

这种润色和增色,主要体现在两个方面:一是让文章知识密度更大,这也契合读者对信息增量的需求;二是能通过对很多现象、问题的专业解释,将事情说得更透彻,把那些不好解释的事情盘得明明白白,整体逻辑也更顺。

例 3-8　我曾经写了一篇评论,题目是《"中国吃货"的征程是星辰大海》,这篇评论讲到了一个问题:为什么中国盛产"吃货"?

我看到有评论说:因为中国是一个饮食文化流传了将近 5000 年的国家;因为标榜吃货人设能显得人畜无害还蠢萌,

能拉近跟人的心理距离,还能给自己胖了找到理由。

这些确实没说错,但我就想在这篇评论里更深入地去论述下。所以我把这问题拆解成了两个命题:一个是为什么会有那么多吃货?另一个是为什么中国的吃货尤其多?

对第一个问题,我引用了《人类简史》中的一个观点:

我们每个人都生活在当下物质丰盛的现代化文明社会,可是这个社会发展起来也仅仅用了不到一万年的时间,而我们的基因里的许多本能却是由数百万年的行为习惯塑造而来,所以每个现代人都有现代化分裂症。

"贪吃基因"就是典型:哪怕我们变得肥胖也忍不住贪吃,因为在我们的采集者祖先时代一直存在饥饿恐惧。我们的饮食习惯、冲突和性欲之所以是现在的样貌,正是因为我们还保留着狩猎采集者的头脑,只是所处的却是工业化之后的环境。

大意就是:我们贪吃,是因为"贪吃基因",而"贪吃基因"又是源于DNA对饥饿的深刻记忆。

那中国盛产吃货这点又该怎么论述呢?我先列了两个典故——

秦少游送给苏东坡的诗《以莼姜法鱼糟蟹寄子瞻》里,从头到尾都是吃,我们简单看两句:鲜鲫经年渍醽醁,团脐紫蟹脂填腹。后春莼茁滑于酥,先社姜芽肥胜肉。还有汪曾祺写吃,再结合中国吃货军团准备出征丹麦消灭泛滥成灾的生蚝,为中国吃货特别多提供了佐证。

那为什么中国吃货尤其多？原因有不少，我归结出了很重要的一点，那就是：

吃对国人而言不仅是"吃"，吃还跟生活方式、心理作用机制、文化认同等千结百绕。"吃"成了国人供给精神欢娱的"批发部"，"吃货"也成了气质型乐观的精神指代。它能被远方的生蚝螃蟹撩拨，也能被眼前的撸串麻辣烫激活。

这篇评论就结合了文学、进化论等知识，糅进了这些内容，也让文章变得更饱满了。

这里，我也总结一下自己用知识增量为逻辑润色的三点小技巧。

首先，拆解论题，把一个母题分解为多个子命题：这论题反映了哪些问题？这些问题的关系可能是并列的，也可能是递进的。

其次，我会去探寻每个子命题的本质，并针对这些追溯性结论找到相应的论据。比如它在社会学、政治学、历史学、文学、生物学、心理学中能找到什么依据，现实中又能找到什么案例去佐证。

最后，论述过程中理顺这些子命题和那些论据的关系，尽量从不同侧面或按照由浅入深的逻辑推进次序，去论证原本要论证的论题。

这其实就是说，要用知识增量服务于论证，在条分缕析中把论点说得更清楚。

有了理性思维、有了知识增量,就够了吗?

三、要有人文底色——别怕被骂"玻璃心"

大家可能会好奇,为什么好的逻辑还必须注重伦理?

因为你是"评论人"之前,你首先是"人"。是人就得有人性,说人话,有人该有的共情心、同理心。古希腊智者普罗泰戈拉说,"人是万物的尺度"。"人"也应该是评论的立足点和落脚点,好的文字是与人性相通的。

那什么叫有人性、说人话?

面对弱者,不拿社会达尔文主义思维去嘲讽他们,而是在表达中嵌入"底层关怀"意识。

我想重复下《了不起的盖茨比》里的那句台词——"当你想批评人时,记住,并不是世界上所有人都和你有一样的条件。"

面对受害者,不要在伤口上撒盐制造"二次伤害",而应该顾及新闻当事人的精神状态,给他们"喘息"的空间。悲剧刚发生,你就追问受害者:为什么你当时不去阻止?这是不合适的。

面对灾难,不要消费,不要动不动就"感谢灾难",而应该想到灾难就是灾难,灾难里有些救人的场景是正能量,但灾难本身不是。

在写评论时，要切记新闻报道的基本伦理规范。

例 3-9 某央视前主持人曾经在 80 后创业者茅侃侃离世后，写了《34 岁的茅侃侃离世，掀开了创业残酷的一个角落》，结果阅读量破 10 万+ 后，她发了条微博，说："早上起来发现我的文章《34 岁的茅侃侃离世，掀开了创业残酷的一个角落》今早达到十万加阅读量，速度比我想的快很多，高兴一下。"

她这么一高兴，网友们都愤怒了，说她"吃人血馒头"。因为茅侃侃创业失败自杀，是个很悲情的事，大家觉得，面对逝者面对悲剧，就算你不表示悲悯，也不能在消费一把后表示高兴——那就是不把生命当生命。

例 3-10 某作家被组织到新冠肺炎疫情过后的武汉去采风、为创作寻找"素材"，结果她写了篇日记，说"幸亏我来了，再不来素材就没了"。

这句话也引发很多人的"不适"：武汉都这样了，你居然用"幸亏"两个字？不适就对了，因为他们的逻辑是"目中无人性"的。

另外，人文伦理不只是针对"人"的，对动物也要有恻隐之心。

例 3-11 我之前写过一篇文章，题目是《受不了动物园里活驴喂虎，就是"玻璃心圣母婊"？》。

说的什么事呢？就是江苏常州有个动物园把活驴喂给老虎。

这事很血腥吧，可这新闻的跟帖区里，几乎是对爆料者一边倒地斥责："血腥？我就呵呵了，动物世界弱肉强食，老虎本就是凶兽，吃个驴就让你们圣母心发作？把它当hello kitty养才是问题吧？""人吃肉时怎么就没觉得残忍，到老虎这就成残忍了？非得把驴肉煮熟做成小点心，放在银制盘子给老虎吃才行？"……

我不知道大家看到把活驴扔到老虎面前喂虎的画面会做何感想，我的第一感受就是：

这样太残忍了。我不是反对老虎食肉，但坚决反对"在动物园当众喂活驴"。最直接的原因就是，给老虎喂活驴，近乎虐杀。而虐杀，有违人文主义立场。

所以我在文中就写道：

你可以吃猪肉狗肉，但不能虐杀猪或狗，这是常识。它链接的动物伦理知识是，动物可以作为人类的工具而存在，但人类并不能对其肆意对待。正因如此，在很多国家，都有动物福利法案之类的法规禁止虐杀动物。

我还借势做了一些延展：

"道德就是拿火腿肠喂流浪狗喂到心碎流泪，而完全不用去顾虑猪的感受。"但其实，用火腿肠喂狗可以，用活猪给其他动物撕咬却不行。美国道德心理学家乔纳森·海特对此做了阐释，认为道德起于情绪判断,"直觉在先,策略性推理在后"。

说了这么多,其实就是想说一点:人道主义是我们该秉持的立场,也是包裹理性逻辑的糖纸。改用雨果那句话:"在绝对正确的理性之上,还有绝对正确的人道主义。"

这种发于人性的人道主义,会将我们的逻辑拽回地面,而不是悬在半空;会让我们的逻辑更接地气、更有温度,而不是冷冰冰的。

小结:

好的逻辑有哪些特点?

首先,要有理性思维,不能在思考中用情绪连着情绪。

其次,要有知识增量,能说出专业道理来。

最后,要有人文底色,不仅要讲道理还要讲人性。

第三节 好逻辑该怎么练成

好逻辑该怎么练成呢?

这个问题其实很难回答,因为在我看来,要养成好的逻辑,需要一个过程。随着你的书越读越多、思考的问题越来越深、写的东西越来越专业，逻辑性也会越来越强。而在训练逻辑的过程中，我也给大家总结了一些方法。

我们已经知道，好逻辑有三个特质是理性思维、知识增量和人文底色，而要提升自己的逻辑层次，我们就需要在这三个方面发力。

具体要怎么发力呢？

我的中心思想是三个"+"，分别是"理性+""知识+"和"人文+"。这里的"+"，跟"互联网+"的"+"意思相近，就是做加法。

一、理性+：用广域阅读支撑三观

为什么要用广域阅读来支撑三观呢？

因为逻辑的起点就是三观。

比如你信奉市场经济，你就可能希望政府监管这只有形的手，不要越界；如果你相信计划经济，你可能就希望一切都由政府包办。三观不一样，围绕很多具体情形得出的观点就大不一样。

所以我一直有个判断，那就是：论证之上是"三观"。简单地说就是，逻辑是三观的试金石，三观正了，道理也就不会太歪。

那什么是三观正呢？

在解释前，我想先列出些反例来，这些反例大家经常能在现实生活中，或者是新闻中看到、听到，比如"男人没一个好东西"，再比如"我穷我有理，他穷他该死"。

这些话具有什么共性呢？

它们的共性，就是逻辑无法自洽，顺着能推导出很荒诞的结论。这些结论经常会伤害无辜，或者是助长"恶"。

说出这话的人，三观坐标系就是歪的，他对人、物、事的认知是偏颇的。

那么"三观正"是什么样的？我觉得至少得有四点：第一，能对标或者是符合常识；第二，跟真、善、美、纯、正等价值深层次相通；第三，承认多元化，接受"和而不同"；第四，不专断、不绑架、不歧视等。

比如一个人跟你说："河南人不是小偷就是骗子。"这就是三观不正。因为它违反了"三观正"的多个标准如不符合常识，缺乏善意，也存在歧视色彩等。

但如果你说："骗子哪都有，只不过分布概率有些差别而已，河南人不该成为'歧视主义'的接锅人。"那你的三观就挺正的。

再比如另一个人跟你说："巴黎圣母院这场火烧得真好，怎么不把法国都烧了呢？"这也是三观不正，因为它缺乏足够的善意。

但如果你说："这场大火无疑是一场文明的劫难，怎么能把悲剧说成好事呢？"你的三观靠谱程度，也就检测合格了。

那怎样形成靠谱的三观呢？

我觉得最根本的法子还是广域阅读，也就是广泛阅读那些经典读物，拓宽自己的视野，丰富自己的知识图谱，让自己对很多事物——比如"文明""理性""责任""爱国""宽容"等——都有更深入、更通透的理解。

黑格尔有句话说："人类文明的进化，正是基于将兴趣投射到广域事物当中的过程"。我们三观的进步，也是基于将兴趣投射到广域事物上。读更多的书，对更多的东西感兴趣，三观自然会逐渐成形。

需要注意的是，这些书不应该被限定在某个派系里面，我们应该让知识跟知识本身相互质证，简单说，就是面对同一件事情，不同的书可能会有不同的观点，赞成这件事情的书我们要读一读，反对这件事情的书，我们也要读一读。

比如马克思和哈耶克对私有财产的态度完全不一样，你就可以都读一读，看看哪个更能说服你；再比如尼尔·波兹曼对"娱乐至死"表示担忧，但很多市场原教旨主义者就会说，市场上存在的就是合理的，不用担心，你也可兼听两方。

吸收了多元的知识，我们在很多话题上也能有稳定的价值观了。

例 3-12 新冠肺炎疫情期间，沈阳一家粥店，在门前打出了"庆祝美国、日本疫情"的横幅。在网上，有不少人觉得，美国、日本有难，中国就该点赞，毕竟帝国主义亡我之心不死。这类论调对应的，就是狭隘民族主义。

事后我就此写了一篇评论，题目是《挂"庆祝美国疫情"横幅，不能五行缺"同理心"》，我为什么这么说呢：

因为，背施无亲，幸灾不仁，这是常识。灾难就是灾难，它连着的是不幸。这些不幸是沉重的，不该被用来"庆祝"——哪怕有些灾难正发生在他人身上。

所以，我得出了结论：

只顾着代入"非我族类"的种族观，却罔顾疫情的灾难属性，这无疑是用狭隘的"敌—我"思维遮蔽了起码的是非认知，冷却了该有的人性温度。

这些是从人文主义角度去说的，我还从防疫和经济发展角度做了分析，认为：

中国已经深入融嵌到全球化网络与地缘格局当中，国外疫情严重，国内也会被殃及，比如防境外疫情输入的压力会加大，国人付出巨大成本换来的向好势头，也会遭到反噬。

从社会发展维度看，如果国外生产生活因为疫情停摆，国内很多企业的供应链也会断链、市场会萎缩，部分外贸企业生存困难，许多工人可能会因此失业。所以，无论是从情理上还是从社会发展上来说，希望其他国家疫情向好，也是为了我们自身好。

符合常识；跟真、善、美、纯、正等价值深层次相通；承认多元化，接受"和而不同"；不专断、不绑架、不歧视……

就把这些标准当镜子,时刻对着镜子,检查自己的三观。在这个基础上,再去进行逻辑推理和延展。

二、知识+:用专业视角加持表达

很多人三观很对,但谈论很多事的时候,逻辑性总还差了那么一点。差的是哪一点呢?就是"专业"程度。

三观决定了你的逻辑是正还是偏,看问题专不专业则决定了你的逻辑是不是有足够的说服力。

例 3-13 2014 年发生了好几起恶性伤医案件,如温岭杀医案、齐齐哈尔高中生杀医事件等,一波未息一波又起。

说真的,关于医患纠纷、暴力伤医的话题,我们做过太多了,说来说去,就是要反对暴力,要推动医改,要建立第三方医疗效果评价平台,要完善医患矛盾调解制度等。

就在我们发愁说无可说之际,有个医生作者主动打电话过来说,想就这件事写一篇评论。

晚上他发来了稿子,题目就叫《为何耳鼻喉科医生频繁受害?》。据他观察:当时好几起伤医案,伤的都是耳鼻喉科的医生。而如果做个长时段的统计,前些年患者袭医案件中的受害者,耳鼻喉科医生的比例远高于其他专业的医生。

为什么会这样呢?

他在文中分析道:

一是治耳鼻喉科的疾病经常会有副反应、并发症，比如空鼻症，这会导致鼻腔湿润和过滤空气的功能丧失，使得病人呼吸道始终存于干燥状态，会有不适。这样的情形，很容易让病人产生"聋子治成哑巴"的错觉，导致不满。二是耳鼻喉跟人们的呼吸有关，一旦人说话声音怪异、吞咽不痛快，难免会不爽。

这篇文章一发出来，反响不小，特别是在医学界。

近年来，新京报评论部在操作专业选题时经常会秉持一个理念：那就是专业问题，找专业领域的作者。涉及经济的，找经济学者；涉及法律的，找律师；涉及医学的，找医生；涉及娱乐的，找文娱方面的评论人。因为分析得专业，逻辑自然会更有深度。

例 3-14 2015 年 10 月，有两件事很受关注，一个是黄晓明、杨颖（Angelababy）两人的世纪婚礼，一个是中国科学家屠呦呦获得诺贝尔奖。之后有人把这两件事扯在一块了，写了篇文章"拷问"社会，题目是《黄晓明 PK 屠呦呦，一生努力不敌一场秀！》，文章说道：

"当开创中国自然科学先河，意义不亚于第一颗原子弹爆炸的事件，却比不上两个艺人的一场婚礼时，难道中国梦要落到'戏子'身上了吗？这样我们的民族还能保持竞争力吗？"

听着发人深省,但这事真的有那么可怕吗?

我们有个评论作者叫刘远举,他是研究制度经济学的。他就写了篇评论,题目是《屠呦呦与黄晓明的收入差距源于人性》,分析了问题的本质。

他认为讨论屠呦呦和黄晓明的收入,其实是在讨论价值与价格的问题。

在现在的市场上,明星可以获得巨额收入,但教授、科学家可能要清苦很多。这是因为人性是有缺陷的,人们愿意花上千元去看明星的演唱会,但愿意直接为某项研究捐钱的却很少很少,所以在这个有缺陷的市场中,大多数科学家注定没有明星赚钱。

刘远举接着分析道,屠呦呦解决的是活着的问题,而黄晓明解决的是活着的人的声色犬马的娱乐需求问题。如果认为后者的劳动没有价值,价格应该更低,而前者的劳动更有价值,价格应该更高,那其实就是在"规划价值的价格",这个思路变为具体的经济理念的时候,就是计划经济思维了,这会导致更多资源的错配。

刘远举从制度经济学的角度一分析,就把一个社会现象从泛道德化视角,拉到了经济学视野下说清楚了。这就显然更加深刻。

这两个案例中,用专业视角做逻辑推演的步骤如下。

首先,在解释事件或现象时,我们可以先看,事情可以从哪些专业角度去说，比如心理学、社会学、经济学等领域，是否有合适的角度。

其次，锁定一个角度，利用专业背景作为逻辑分析工具，把事情或现象往深了挖一层，比如屠呦呦和黄晓明事件，刘远举就结合自己的专业背景，选择从经济学的角度进行深挖。

最后，顺着专业理论得出结论，再把这些结论跟原来的事件、现象贴合起来，实现逻辑自洽。

就像上面举的例子，非专业人士可能只会觉得黄晓明比屠呦呦挣得多，不合理，但专业人士会思考这类不合理现象为什么会存在，它的存在反映了什么社会运行规律与知识原理，再围绕这个原理去谈。

那问题又来了：要怎么让我们变得"专业"起来呢？我分享几个自己在评论写作时积累下来的小技巧。

第一，写评论前，在网上找准关键词进行检索，看之前对同类事件的评论说到了什么地步。再想想，在此基础上是不是还能更进一步，说得更深些。我自己写评论前，设定的硬性指标是，至少阅读 8000 字以上的事实和观点资料。

第二，多了解专业理论并思考这些理论怎么跟现实情形结合，培养自己的理论联系感。这些专业理论主要包括思想学说，还有权威语录、典故格言和政策法规等。我们写评论时，可以给自己设定一个要求——那就是把问题导入"理论框架"下去解释、辨析和论证，想象你对面有一个专业人士，你用逻辑要怎么说服他。

第三，要有类比思维，万物皆有关联，很多事都可以类比。比如，我曾经就把明星和粉丝在一起的现象，用"炒概念股"来做类比，这样听着就有些专业了，是不是？

那除了多读书、读专业书让自己理性起来之外，我们还需要些什么？

三、人文+：用同理心锚定立场

站在道德或法律制高点上去批判某个人是容易的，而回归"人"的视角去平等地看待一个人、一件事，却需要操守。

怎么回归呢？

我给出的答案是：同理心。

有了"同理心"，我们看待很多问题，就不再是"他者视角"，而是能设身处地地去思考。在遇到很多没人性的现象时，我们就可以带着同理心去组织逻辑。

例 3-15 2011 年深圳联防队员强奸案发生后，女受害人因为"强奸"被说成是"通奸"，差点割腕自杀；而当时躲在案发现场几米外的丈夫，也被舆论指责是懦夫。针对受害者家庭遭受的"二次伤害"，我写了一篇评论，题目是《反思对弱者的"无意识伤害"》，来反思"镜头暴力"与"批斗式采访"。

上面这类直接触及伦理红线或者是底线的话题，我们是可以直接拿人文伦理来立论的。而有的话题，会更复杂，它会牵涉道德、法律和人性的复杂评判，需要我们将人文伦理灌注到写作伦理中，再贯穿到行文逻辑当中。针对这类复杂的话题，我们要做的是：打好腹稿或者写完文章后，最好是进行两次"换位"和"代入"：一是把自己想象成读者，站在读者角度去思考，这篇文章是不是能说服自己且能打动自己；二是把自己想象成自己文中涉及的当事人，特别是批评的对象，想着他看完文章后能不能服气，又能不能免受无端伤害。

一篇有温度的文章，就算是持批评取向的，也能让人觉得，那样说得恰如其分，而不是强求或苛责。

例3-16 2017年有一起社会新闻——大年初二，一名男子没有买门票，翻墙进入宁波动物园，结果一不小心进入了老虎散放区，被老虎咬死，而咬人老虎也被击毙。

这事发生后，网上一片幸灾乐祸的声音，有人说："心疼老虎，凭本事吃的人，这能怪我？"

说真的，要是搁在几年前，我可能也会借此大谈特谈"规则意识"，讲如果这位男子遵守了园区的规则，可能就不会出现类似的情况了。但我现在会调整自己的逻辑基调，尝试换位思考，用同理心去看待。

拿这件事来说，当时我就想着，假如被咬的人是我的家人,我该怎么想?我一定会觉得很难受。还有,假如我写了篇评论为老虎吃人叫好,遇难者家属看到了又会怎么想?那是不是在往他们的伤口上撒盐呢?

这事后,我就写了篇文章表达了我的立场,认为:

不要轻易将对不守规则者的憎恶,投射到个案中,并由此衍生出'不作死就不会死'的冷血判断,这类解释框架,有时候是思维上的偷懒——它没有对个体违反规则的情节轻重、应担代价做具体的分析。说他的死是活该,太过冷血。

我这段话要表达的意思,就是人要有同理心。

我们要持平视视角,把新闻当事人和批评对象当"人"来看,看到"人"的不足,而不是逼着他们成为道德完人;要"退一步说",而不是拿上帝视角去要求他们。

小结:

怎样练成别人杠不赢的逻辑?

第一,在理性上做加法,多读些书让自己三观更正。

第二,在知识性上做加法,把问题导入理论框架去论证。

第三,在人文底色上做加法,用更多的同理心去看待人和事。

第四节　如何在评论中更好地体现逻辑感

如何通过论证,把逻辑能力更好地体现在评论中?

一、逻辑推理三板斧:痛点切入—问题导向—链式延展

痛点切入—问题导向—链式延展,这三者之间是递进关系,在逻辑推理时,先从一个大家关心的痛点切入,然后以问题为导向梳理逻辑,再用层层递进的方式进行论证和延展。

(一)痛点切入

具体来说,痛点切入,就是看到一个选题之后,你得想想,这个新闻击中了公众的什么"痛点"?它为什么能成为"新"闻?

新闻在不断地重复,昨天一起强拆事件上了新闻,今天另一起强拆事件上了新闻,这是很正常的现象。但重复的新闻背后,可能藏着不同的公众痛点。

我自己写评论,在下笔前,经常会先多读几遍新闻,看看这新闻到底"新"在哪儿,它为什么能刺激到很多人。然后找公众的痛点,找到了"痛点",我文章开头几段就会围绕这个痛点展开来说。

例 3-17 我曾写过一篇评论《大白天强拆医院,没有底线可言》,话题也是跟强拆有关——郑大四附院被强拆事件。

强拆其实已经说了太多太多了,但郑大四附院被强拆的事情还能引发关注,一定有它的不同之处,这个新闻到底是哪儿刺激到了大众?

我当时就把与这件事情相关的所有新闻和评论都看了一遍,最后把痛点归于经常刺痛人们神经的事发地点——"医院"。医院是个什么地方?是救死扶伤、该被特殊保护的地方,连这都能拆,而强拆者还不顾医院正在给人看病,直接就拆,这就突破了很多人的心理底线。

所以这篇文章我就是从被强拆的是医院这点切入:

在许多人看来,医院本来是救死扶伤的地方,拆了它,也是间接"害命"。在战争时代,医院都会受到人道主义特殊庇护,免予被攻击。而今和平年代,涉事医院却遭强拆,这令人匪夷所思。

更何况,郑大四附院是郑州市北郊唯一一所省级大型综合医院,连这所规模不小的公立医院,都无法幸免。而且拆迁方还没有遵守"事先要清场"的拆迁基本规则,如此肆无忌惮,不免让人生出"还有什么不能拆"的惶恐来。

在写评论前,仔细阅读新闻,找准痛点很重要。

在找痛点上,我觉得有两个小技巧:一是看很多门户网站的新闻标题是在突出什么,是在拿什么做文章,或者就是网友跟帖区在聚焦什么?他们所关心的,往往就是大众痛点。二是你跟自己的朋友交流相关话题,看你们关注重心的重合点。可能大家都在关注职场性骚扰、发际线危机、被高空抛物砸到等,那这个很有可能就是潜在的用户痛点。

(二)问题导向

简单来说,问题导向就是要带着问题意识去思考。

逻辑推理,不带着问题思考就是无的放矢、无病呻吟。

我以曾经写过的一篇文章为例,来拆解一下问题导向原则的基本运用方法。

例 3-18 《"北京人大学"不过是种善意批评》是在替90后河南小伙程帅帅"打抱不平"。

2012年9月份,程帅帅计划给北大送一块匾,匾上写着"北京人大学"。结果程帅帅被警方带走了,在派出所待了8个小时后,被遣送回乡。

程帅帅为什么会送那么一块匾呢?因为他觉得,河南考生高考被清华北大录取的概率太低了,只有1/2000,而北京则是1/110,招生存在地域歧视。

这事确实很有新奇性:送匾额、赠锦旗,一般都是夸人家的,可程帅帅这是讽刺性的。

但仅仅觉得新奇,并不能构成我们评论的文本逻辑。于是,我开始思考新闻背后反映的问题。我就在想,程帅帅送这锦旗，合适吗？他送的那面锦旗上的"北京人大学"几个字，合适吗？

由此我觉得这事的核心问题在于两点。

一是程帅帅这块牌匾抛出的问题："北大，究竟是谁的北大？"是北京人的北大，还是中国人的北大？这说的是名校招生属地化问题，由此带来的则是教育资源配置失衡的现象。

另一个问题就是程帅帅这样控诉招生失公，是对北大的诽谤，还是个人的意见表达？个人对机会不公的非议，是"杯水里的风暴"，还是真的"扰乱了公共秩序"？

把这两个核心问题抛出来，根据这个去立论，文章逻辑在立意层面就很清晰了：程帅帅送的那块牌匾，说的是真实存在的问题，他那也只是正常的诉求表达，不应该算是诽谤。

总结一下，逻辑推理中运用问题导向进行思考的顺序：

首先，我们想想一件事或一个现象到底反映了什么问题？这里的问题包含两方面：一方面是事件表面提出的问题，就是你从事件中直接看到的问题；另一方面则是更深层次的问题，它是本质性的问题，比如伦理、法律等。而后面的本质性问题则是需要深思的问题。

其次，把新闻中最能反映这个问题的事实和细节拎出来，作为依据，论证这个问题确实是存在的。

最后，抛出问题后，探讨怎么解决问题。

（三）链式延展

这又是什么意思呢？其实就是一层一层，递进式地去论证。

以我之前针对衡水中学模式写的一篇评论为例，细说一下评论的逻辑推理中怎么运用链式延展。

例 3-19 当时，网上出现两篇爆款文章，这两篇文章的大意是说穷地方搞不起素质教育；应试教育就是穷孩子的宿命。浙江富，当然可以鄙视应试教育，可河北穷啊，需要靠应试教育模式去实现阶层逆袭、底层翻身，所以他们需要作为"血汗高考工厂"模式的衡水中学模式。

我在评论中就完全否定了这两篇爆款文章的观点。在我的逻辑里，衡水中学对河北学生不是命中注定，对当地教育部门才是"刚需"。如果"衡中模式"倒下了，对农村学生只会是好事。

为什么这么说呢？在逻辑论证过程中，我进行了链式延展，一环扣一环。我遵循的就是常见的论证模式：是什么—为什么—怎么办。

我先是说了衡水中学模式的问题，也就是链式延展中的"是什么"：

"衡中模式"最关键的问题，不只在于应试教育，更在于其"超级中学"模式。早前北大两位博士定量分析了全国84所"超级中学"2005年至2009年的招生数据，发现北大生源中,来自"超级中学"的农村学生比例,仅为一般中学的 1/8。

衡水中学的高升学率和所处区域,确实很容易让人误认为,它给农村学生带来了很多机会。但事实上,这只是给考进这所"超级中学"的学生提供了机会增量,这些机会并不会留给广大贫困学生。绝大多数农村学生早就在中考招生"掐尖"之时,就已经被筛掉了。比起那些名牌高校,这类"超级中学"将寒门子弟逆袭希望的"时间坎"调得更低了。

其次,"超级中学"对优质生源层层掐尖,对基层优秀师资"抽血",会加剧区域教育不均衡。它们没给农村学生更多机会,反而在扼杀其不多的机会。

我接着又分析了衡中模式为什么会这么坚挺,这属于链式延展中的"为什么":

"衡水中学们"的成功,在舆论解读中,总跟"寒门学子拼却全力"的悲情想象联系在一块。可它跟这并没有太大关系,而只能说明,部分欠发达地区政府在资源相对匮乏的背景下更习惯向垄断式学校要升学政绩,所以才会默许"超级中学"跨地区招生、搞掐尖等,允许教育资源过度集中。这其实是跟教育规律相悖。

这样条分缕析,逻辑层次感分明,问题也说得更透彻了。如果对于这一现象还有好的建议,可以进一步论述"怎么办",提出对策。总的来说,在这个逻辑论证的过程中,我们要注意一点，那就是逻辑得缜密，不能太跳跃。

二、逻辑判断次序：先分真假—再辨是非—后论好坏

为什么会总结出这么个基本顺序？因为很多事在事实和价值判断上，最终都要归于真假、是非、好坏三个层面的分析。事实判断是价值判断的前提，所以要先分真假；价值判断有个向上的梯度，"好"的上面还有"更好"，所以是非之上还有好坏。

这就像我们说"真""善""美"，这三个字其实代表着"好"的三个内涵。这里面，"真"是"善"和"美"的前提，但这不是说，有了"真"就有"善"和"美"，"真""善""美"实际上是向好、向善在价值位阶上的三个梯度。

对于评论来说，先分真假、再辨是非，这是底线，顺序错不得。

但现在很多自媒体似乎放弃了这道底线，连真假都不分，就开始随意评论是非。

例 3-20 2016 年 8 月，甘肃康乐县有一起耸人听闻的悲剧——女子杨改兰杀死 4 个孩子，服毒自杀后不治身亡。之后她的丈夫也服毒身亡。

事件爆出后，网上出现了一篇阅读量千万级的爆款文章《盛世中的蝼蚁》。这篇文章很煽情，说杨改兰"是'盛世'

下的蝼蚁",还说她是用死为更多的"蝼蚁们"呐喊;不只是这样,文章还编造了4个孩子没有户口等信息,用来佐证"不是杨改兰容不下她的孩子,而是这个社会容不下杨改兰及其孩子"。

乍一看,这篇文章说得很深刻,跟《我不是药神》说了同一个主题——"世界上只有一种病,就是穷病!"

但它所有的价值判断,都是基于它凭空想象出来的情况——杨改兰杀死4个孩子的原因是"穷"。

真是这样吗?

《西部商报》的报道就追踪说,杨改兰杀子、自杀可能是因为"群众评议没有通过低保";澎湃新闻网调查则显示,杨改兰或困于人言,她自杀前曾说"全庄全队的人都在告我"。

我觉得,杨改兰杀子、自杀的原因可能是"穷"的链式反应,比如因为穷,所以有病看不起医生;因为穷,所以产生了对生存的倦怠感。但原因的原因不是原因。只有挖掘事实,弄清楚直接原因,我们才好去下结论。

写评论、讲逻辑,也必须先讲事实。事实层面不能确定,比如只有单方说辞,或者动机原因压根就不明,就不能臆断先行,先下结论,去评判里面的是非。我们不能想象出一个靶子,然后端着评论的机枪就对着扫射。

（一）先分真假

在评论员没办法像记者那样深入现场去采访、新闻又容易反转的情况下，我们该怎么"先辨真假"呢？

在这方面，我也分享几个常用的小技巧：第一，查看原始报道的出处，看是不是来自可靠的媒体，另外也搜一下还有没有别的媒体有同题报道，这些报道能否交叉印证；第二，看看新闻是不是做到了"平衡报道"，信源可不可靠；第三，写评论时，只采用那些能交叉印证的信源，对单方说法谨慎采用。

总之，多些审慎是为了少入些坑。

"分完真假"后是"辨是非"。

（二）再辨是非

怎么辨是非？其实就是看三点：合不合法—合不合理—合不合情。

不合法、不合理、不合情，事情肯定不对。这个其实很好理解，这里也不多赘述。

（三）后论好坏

为什么我们谈完了是非，还要说下好坏呢？

因为有些事在对错层面没毛病，但远远称不上"好"。做得对，但做得不一定算好。

我们在写评论的过程中，如何在做得对的基础上，再进一步"论好坏"呢？

我们可以想想某件事是不是还有"往后退一步"和"往前进一步"的空间，如果"往后退一步"都不违法，那就是做得对；如果事情还有"往前进一步"也就是做得更好的空间，那说明事情还没到"最好"的地步。

说到底，逻辑判断的次序图，就像是爬梯子，"先分真假"做事实判断，是为了让梯子先放稳了，"再辨是非""后论好坏"则是循着梯子的梯度向上爬。我们要沿着逻辑判断的顺序，扎实做好每一步，谨慎得出自己的判断。

三、逻辑演绎四字诀："论—证—类—序"

"论—证—类—序"是我们在评论中体现逻辑感的重要方面。

论，就是结论先行。证，就是证据支撑。类，就是归类分组。序，就是规则有序。

论证是纵向轴，类序是横向轴。这四字诀，说的其实是逻辑推演的结构：在纵向上，要以上统下，先抛出结论，下面再一层层地论证；在横向上，就是把论据事实或逻辑层次分组归类，且按时间、结构或重要性的顺序排列。

例 3-21　《醒醒，衡水中学从来都不是寒门学子"梦工厂"》这篇文章偏纵深，我在文章前面讲到了一些现象群，也就是由开头部分不断在往深处挖。

那到了论证环节,这篇文章的"论—证—类—序"就很明显了。

我先抛出了结论:

衡水中学虽崛起于阡陌,处在欠发达地区,但它还真不是为寒门学子办的学校,而是面向全省(市)生源掐尖;它也从未成为过贫困学生的"梦工厂",倒更像是"毁梦工厂"。

这就是"论—证—类—序"中的"论",结论先行。

紧接着,我就进入"证"的模块,开始逻辑分析,去支撑起"衡水中学不是寒门学子'梦工厂'"这个论点。

而我的论证也是剥洋葱式的,我先把论据分成了"衡水中学模式的问题"和"衡水中学模式的存在根源"两点,这就是"论—证—类—序"的"类",把论据归类分组。

然后,在分析问题时,我又讲到了农村学生占比、"超级中学"提前掐尖的弊端、对地区教育资源的"抽血效应"等。这些小论点也是按由浅到深的递进顺序排序。这就是"论—证—类—序"的"序",让论点、论据规则有序。

按照"论—证—类—序"评论完后,最后我又进一步申明立场,呼应开头:

增进教育公平,不可能靠"衡水中学们"做大,还得靠素质教育在高考评价体系、招生方式上的优化。

评论的写法有很多种,但"论—证—类—序"的金字塔式逻辑结构,确实会让文章脉络和层次变得更清晰。

事实上,我们也可以把写评论想象成跟老板做工作报告。

工作报告该怎么做?肯定不会是平铺直叙地搞流水账,而是得有所讲究。

很多人都听过麦肯锡的"30秒电梯法则",意思是一个项目必须要在30秒的电梯运行时间内给老板或客户说清楚。这要求我们说话很有逻辑性:先说重点,抛出结论——"这方案应该这么做",再去论证为什么这方案该这么做;在论证过程中,你得对方案中涉及的项目归类分组,再按某种顺序讲述或呈现……其实它运用的也是"论—证—类—序"的原理。

这样的话,如果谈得好,你的老板可能还能给你30分钟,听你细细道来。但如果你一开始就语无伦次,那可能过了3秒对方就不耐烦了。

写评论也同理。先亮明态度和观点,再去进行逻辑论证,论证还得有层次感……这样读者也能有耐心听你讲。

而"论—证—类—序"四字诀,就是让逻辑推演有条理的"秘诀"。

小结:

如何在评论中更好地体现逻辑感?

第一,逻辑推理三板斧:痛点切入、问题导向、链式延展一个都不能少。

第二,逻辑判断任务链:先分真假,再辨是非,后论好坏,在逻辑梯子上拾级而上。

第三，逻辑演绎四字诀："论—证—类—序"，讲逻辑也得理顺结构、注重条理性。

第五节　评论写作应注意的逻辑误区

写评论经常是"练成好逻辑要很久，一个伪逻辑毁所有"。评论要警惕很多逻辑误区，尤其是那些流行性谬误。评论写作中常见的逻辑误区有三种：一是以偏概全与区群谬误；二是假性因果与滑坡谬误；三是以喻代证与概念偷换。

一、以偏概全与区群谬误

（一）以偏概全

以偏概全，这词大家很熟悉，主要就是说用片面的观点来看待整体问题。

在生活中，这样的情况随处可见，比如，你说你是四川人，别人马上会说："你们那儿都很能吃辣吧？"你说你是湖北人，别人就说："湖北人应该是都是吃热干面长大的吧。"你说你是东北人，那别人又说："你们那儿的人肯定都会二人转吧。"

以至于网上出现了一个流行句式：我可能是个假四川人或者我可能是个假东北人。具体地域是哪儿的，大家可以随便填空。按照那些全称命题的逻辑，一个地方的人，口味与性格就该完全一模一样才对。

而"文傻理呆"，则是另一个典型例子。

这是网上文科生和理科生经常用来相互嘲讽的词。但这两个标签化的词汇，就属于一竿子打死一群人，典型的以偏概全。

说多了以后，很多人的逻辑就简化成：你是文科生，你傻；你是理科生，你呆。

在我们的评论写作中，也有很多类似的以偏概全的案例。

比如前些年反腐风暴下，很多官员落马，然后就有人下了结论："天下乌鸦一般黑""无官不贪"。

比如看到一个有钱人做了坏事，就借题发挥给所有富人贴上"为富不仁""资本家"的标签，煽动仇富。

很多人在评论写作中，习惯了用全称命题——动不动就用"中国人都怎么样""所有地方都怎么样"之类的句式，也习惯了不对事件的个案性与普遍性进行分析就下结论。这显然是评论中的大忌。

（二）区群谬误

区群谬误跟以偏概全刚好相反，大致就是以全概偏，比如"你是广东人？广东这么富，你们家一定很土豪咯？""你是富二代？统计显示富二代感情上更不专一，所以你肯定很滥情"……这就是典型的区群谬误。

区群谬误的一个特点,就是把事情想得太简单:只根据群体的统计数据,就对群体中的个体性质做出推论,假设了群体中的所有个体都有群体的特点。换句话说,区群谬误就是认为,你是这个整体的,那你一定具备这个整体所有的特征。

很多人都容易犯这种错误,比如张三来自上海,李四来自广州,上海人均 GDP 比广州高,所以张三铁定比李四有钱。我们写评论时,就该尽量避免这种问题。

本质上,无论是以偏概全还是区群谬误,犯的一个毛病都是"绝对化",说得太绝,不留余地。

我之前写评论,也曾在这方面"交过学费",倒不是动不动就掉入以偏概全或者区群谬误的陷阱,而是喜欢引用名言,再把名言当成绝对化的依据来用。

比如王尔德说:"只有肤浅的人才不会以貌取人,只有浅薄的人才了解自己。"当我碰到一个人,他说自己更看重人的心灵而非颜值时,我就说他:"你真肤浅";遇到一个人在那剖析自己的不足时,我就说他:"你太浅薄",那我也有些绝对化了。

要避免以偏概全或区群谬误这两大逻辑误区,也很容易,我们可以先做好两项工作:第一,在下结论前要仔细想一下,它是不是可能存在"例外"的情况?要争取把所有的情况都梳理一遍,然后再给出自己的结论。第二,在由一个个案说一个群体时,要慎之又慎,要反复多想几遍,同时也记得加些"限定词",比如"一些官员""部分富二代"等,尽量准确表述。

二、假性因果与滑坡谬误

(一)假性因果

什么叫假性因果?

例 3-22 萧敬腾被戏称为"雨神",张学友则是"逃犯克星"。

据说萧敬腾去哪个城市开演唱会,哪里就会下雨,所以有些地方一出现旱情就有人呼唤萧敬腾。而张学友呢,则是因为他一开演唱会总有些逃犯在他的演唱会上落网。从 2018 年 4 月起至 12 月底,8 个月内,张学友演唱会已经"吸引"出将近 82 名在逃人员。

问题是:萧敬腾去开演唱会的城市下雨,真的跟萧敬腾去了有什么关系吗?没有。只有时间上的先后关系,没有逻辑上的因果关联。有人专门做了统计,在萧敬腾开演唱会的城市中,当天下雨的城市只占了 50%。

那逃犯落网跟张学友开演唱会又有关系吗?有,很多逃犯都是张学友的歌迷。据统计,被抓逃犯的年龄多为三四十岁。他们的青春期跟张学友的曲目流行期重合。

但这些逃犯被抓,更多的是多因一果,也就是因为多个原因而造成的这一结果。张学友的魅力是原因之一,但还不是主要原因,主要原因是人脸识别技术发展:他们一进场,就能被系统识别出来。如果看不到这些,只是觉得张学友是"编外捕神",本质上也是犯了假性因果的逻辑病。

从上述例子可以看出:假性因果,就是将没有因果关联的两件事情,生拉硬拽扯上关系。比如很多事情只有时间上的先后关系,但有些人习惯将先发生的当原因,后发生的当结果;或者有些事情之间的逻辑链条太长,长得完全没了关系,但有些人习惯屏蔽它们之间长长的逻辑链条而直接扯上关系。

例 3-23 中国青年报的评论员曹林说,他曾经在某都市报看到一条新闻,叫《情侣买不起房相约殉情,女子死亡男子获刑》。新闻标题这样描述就预设了一个直接的逻辑关系:因为买不起房,所以相约殉情。

但细看新闻,是这样描述的:

在广州,有对年轻的情侣爱得死去活来。可是因为买不起房,女方父母不同意。于是这对情侣相约一起自杀,两人拿刀互捅又打开了煤气。结果,女子死了男子活了下来。法院以故意杀人罪判处男子 13 年有期徒刑。而女方的父母希望判男子死刑。

很多人看了新闻,是不是会顺着标题逻辑将矛头指向当下的高房价呢?是不是就觉得这是高房价逼出的悲剧呢?

曹林就说:"这起悲剧中的因果关系,是高房价导致殉情自杀的吗？不是，是两个极端人格的相遇导致的悲剧，不能把账算到高房价上。"

有人会说："高房价起码可以算是一个间接诱因了。高房价让年轻人买不起房，然后因没房丈母娘不同意结婚，可两人又爱得很深，于是相约自杀。怎么能说高房价不是原因呢？"

从逻辑上讲，原因的原因，它就不是原因了。这世界很小，再陌生的人，通过几个人的关系网，总能扯上关系。逻辑也是，再不相关的两件事物，通过长长的逻辑链条总能扯上关联，但二者未必就有因果关系。

那怎样找到事件中真正的因果关系呢？

我觉得有三步。

第一步，结合统计数据或新闻事实，判断 A 和 B 两件事有没有相关性。

第二步，要论证两者相关性的强弱。要证明 A 事件是 B 事件的原因，至少得先证明两点：第一点，A 事件发生在 B 事件之前，两者有时间上的先后顺序；第二点，由 A 的出现推导或者预测出 B 的出现，也就是说没有 A 的出现或发生，B 也肯定不会出现。

第三步，要排除其他可能的混淆变量。要看看在 A 之外，是不是还有别的因素导致了 B 情况的发生。如果在 A 之外，还存在另外的 C、D 这些变量，那 A 和 B 之间的因果关系就要反复多推敲几次了。

例 3-24 几个穷人去偷东西,穷和偷东西有相关性吗?有。作案者确实是先有穷这个诱因,后有偷东西的想法和做法,但穷就一定会去偷东西吗?这可不一定。其中的变量就有"作案者的犯罪心理"、朋友之情帮忙,等等。

(二)滑坡谬误

滑坡谬误是与假性因果有些相像的另一个逻辑误区。

例 3-25 有一个经典的段子,是滑坡谬误的典型:

丢失一个钉子,坏了一只蹄铁;坏了一只蹄铁,折了一匹战马;折了一匹战马,伤了一位骑士;伤了一位骑士,输了一场战斗;输了一场战斗,亡了一个帝国。

最后有人跟你说,这说明了一个道理:细节决定成败。

这是"细节决定成败"吗?我就问一句:假如丢了那个钉子,蹄铁还能用呢?

这就是滑坡谬误的滑稽之处:把或然性的东西说成必然性的,然后串起来推导出一种并非必然的结果。从你少吃一粒饭,都可能推导出"宇宙将毁灭"这样的结论来。

写评论,就特别需要警惕这类逻辑误区。现在一出现热点事件,真相都还没出来,有"后果"但还没"前因",好多人就开始根据一些外围背景随意地归因,结果就是,一个"当事人有精神疾病",就轻易让事情反转、让之前的逻辑被打脸。

要避免滑坡谬误，就要学会用侦探思维去思考，想想由所谓的"原因"，是否必然能推导出这个结果？是否还有其他的可能？比如刚刚提到的，"丢失一个钉子，坏了一只蹄铁"，这就不是必然的因果，因为丢了一个钉子，蹄铁说不定还能用呀。

其次，避免滑坡谬误，我们还可以把事情放在一个环环相扣、层层嵌套的事件生成链条里，想想"前一环""上一步"是什么，但不要把链条拉得太长，要看看两件事的直接相关性。

比如曹林说的情侣相约自杀案例里，就有这么个链条：房价高导致男方买不起房，从而导致女方父母不同意两人在一起，接着导致两人想不开，情绪极端化，最后导致拿刀互捅且打开煤气。

这个链条里，男女殉情的"前一环"是"两人情绪极端化"，这个才是导致他们殉情的直接原因。如果不是两人有些极端，他们完全可以避免"你死我伤"的结局。

还是那句话：原因的原因未必是原因。

三、以喻代证与概念偷换

（一）以喻代证

什么是以喻代证？简单地说，就是用比喻来代替论证。

这方面，孟子是祖师爷。他说："人性之善也，犹水之就下也。人无有不善，水无有不下。"意思就是人的本性是善良的，就像水会向低处流一样。

听着好有道理，不过转念一想，水往低处流跟人性向善，有什么必然的关联吗？那我说人的本性是邪恶的，就像水会向低处流一样，行不行？

还有一句话堪称以喻代证的经典句子，这句话我前面也讲过，那就是——"一个巴掌拍不响"。一个巴掌拍不响，跟挨欺负有什么必然的关系吗？没有。

以喻代证本质上就是论证上的偷懒，但很容易"代"错。

我们评论可能也经常会这样：我说"梦想就像是树，总会开花结果的"，很励志是不是？问题是，梦想跟树有什么必然的相似处吗？万一梦想是空想，也会开花结果吗？

所以这只能是文学化语言，而不应该是评论语言。

而在避免掉入以喻代证误区方面，有两点需要注意。

第一，不能光有比喻，而没有论证，应该在用了比喻后进行必要的论证，证明两件事逻辑机制上是相通或者是相似的。

第二，要克制修辞，如果比喻之类的修辞可用可不用，那就不用，能直接论述的就直接论述，避免因为修辞而曲解了原有的意思。

（二）概念偷换

概念偷换跟以喻代证有些像，说的是明明咱们要争论的是 A 问题，你却悄然转换成了 B 问题，结果鸡同鸭讲。

概念偷换的初级阶段，是违反形式逻辑三大定律中的"同一律"。

我说:"逼着学生捐钱是对他们的'绑架'。"结果你来反驳:"哪有绑架?连绑学生的绳子都没有,连他们的人身自由都没限制,这叫哪门子绑架?"

我问:"你怎么看?"你说:"我戴着眼镜看。"

这些都是玩文字游戏,利用某个字或词的不同含义,或者是不同语境下的内涵做文章:你说的是这个意思,我偏要用那个意思去回应你。

概念偷换的中级阶段,是"你跟他讲法律,他跟你谈政治;你跟他谈政治,他跟你讲民意;你跟他讲民意,他跟你耍流氓;你跟他耍流氓,他跟你讲法律",故意不把表达的角度调到同一个制式。

例3-26 早些年,PM2.5还没被纳入空气质量强制监测指标,有专家就拿"时机不成熟"来辩解,我写了篇评论,题目是《"时机论"跟"国情说"如出一辙》,就说你跟很多人一谈现实问题,他们不跟你讲道理,只拿"特殊国情"或者"时机不成熟"来当挡箭牌。这其实也是概念偷换,把具体问题转化成国情问题、时机问题。

概念偷换还有高级阶段。高级阶段是什么样的呢?就是将诉诸类比、反问和概念偷换糅合在一块,让人分不清楚。

例 3-27 庄子跟惠子的那段"子非鱼,安知鱼之乐"的辩论,就是概念偷换的典型。

庄子说,鱼在水里游来游去,肯定很快乐。惠子说,你又不是鱼,怎么知道鱼是快乐的呢?庄子反驳,你又不是我,你怎么知道我不知道鱼儿是快乐的呢?

乍听起来,庄子说得很在理,可事实上,他偷换了概念:人跟鱼是不一样的,人可以理解人,但未必能理解鱼。惠子问他"你怎么知道鱼快乐",是因为他自己说了"鱼很快乐",但他如果非说自己懂鱼的语言,那就有些"惊悚片"的味道了。他还反问,说"你怎么知道我不知道鱼快乐",玩的就是诡辩。

我上面说的这些,其实是我们在行文过程中该注意的逻辑误区。针对很多新闻事件中的"概念偷换"问题,我们也应该识破。

例 3-28 我早前写过一篇评论,题目是《"敬重名人"别沦为权力媚俗的"画皮"》,说的是湖南常德时任市长给赵本山接机的事件。

事情的来龙去脉是这样的:2011 年 5 月 2 日,赵本山的商务包机遭遇恶劣天气,迫降在常德机场。常德市长赶到机场迎接看望,受到网友的质疑。常德官方回应称,市长前往慰问体现了常德人民对人大代表的尊敬、对文化名人的敬重,并强调市长利用的是个人休息的时间。

我在文章中就提出质疑：

赵本山确是人大代表与文艺大腕，问题是：当他私人出行时，身份与普通公民没有区别。他既不是因公做客常德，又不是来处理公务，他的专机降落机场，不应享有备受关照的特权。可市长关怀备至地前去迎接，这种热情何尝不是献媚心切呢？"代表常德人民敬重名人"的解释，就是患上了"代表癖"，也偷换了概念，将"敬重名人"与"媚俗"混为一谈了。

当地官方不提赵本山的"私人出行"情况，只提他的"人大代表"身份，也是玩了一记概念偷换。

毫无疑问，写评论时要尽量避免陷入以喻代证与概念偷换等逻辑误区，以免文章留下一堆漏洞。

小结：

评论写作怎么避免逻辑谬误？

第一，别入了以偏概全与区群谬误的坑。

第二，别中了假性因果与滑坡谬误的招。

第三，别上了以喻代证与概念偷换的当。

第四讲
把握结构美感，让你的观点深入人心

陈斌：《南方周末》评论部副主任，北京大学国际关系本硕，技术流和专业流的硬核玩家。过去十多年的评论生涯，他坚信技术分析胜于口号表态。他从2012年开始介绍"梅根法"，坚持写相关评论，呼吁对未成年人的制度保护。《南方都市报》原总编辑曹轲曾这样评价他："从舆论到舆情，从管制到治理，说到底都是技术活儿。陈斌的力量在于专业，术之为道，超越古今王霸之争，道之为用，摆脱中西路径之困。"

第一节 要找到强解释力的评论结构,需做好哪些准备

什么是结构?

可能很多人会认为,评论的结构就是怎么写开头、怎么写正文、怎么写结尾,这确实是文本结构的一部分,但却不是我们所要讨论的结构的核心问题。

在我看来,结构至少包含三点。

第一,结构意味着把某个事物的各个局部、各个构件以某种方式组织起来。

第二,结构是一个整体,每个局部、每个构件都能在这个整体中找到自己应有的位置、发挥自己应有的价值。

第三,结构还意味着整体大于局部之和,结构本身的价值比任何局部、任何构件都要大,而且大得多。

也就是说,结构就像一幅全景图,包含着各个局部、各个构件的信息,站在结构化的视角看问题,可以让我们看到,

在拼出整幅图景的时候,有没有缺拼图,如果缺,缺了哪几块图。这一点太重要了。

比如刚刚爆出了一个大新闻,你准备写一篇评论。

你手头、脑中有这些信息:第一,新闻本身给出的事实与信息;第二,你深挖新闻后,得出的事实、信息与数据;第三,这些信息从你大脑中唤起的知识。

那是不是所有的这些信息,我们都要用到评论中去呢?显然不是。

我们需要先对信息进行判断,确定哪些是无关因素,哪些是干扰因素,哪些是重要信息,哪些是次要信息,哪些信息可能有缺失?

而要确定这些因素,我们就需要找到最具解释力的模型,看看在这个模型之下,哪些信息重要,还缺哪些信息等。这个最有解释力的模型,就是我们所要找的结构。而寻找这个解释模型的过程,需要运用结构化思维。

例 4-1 我之前碰到一个教育部减负的选题,新闻信息是这样的:

2020 年 5 月初,教育部办公厅下发了"义务教育六科超标超前培训负面清单(试行)",真的是一个很详细的清单,规定培训机构语文这些不能教、英语那些不能教。这是 30 年来又一个给学生减负的动作。

在评论下笔之前,我当时脑子里就在想一个问题:这一次减负动作有用吗？家长会领情吗？

针对这些信息和想法，我找到了两个结构性解释。

第一个结构性解释是，竞争的倒逼与传导机制。

家长都希望自己的孩子将来有更好的收入、更高的社会地位，但这些机会本身就很稀缺，需要竞争。

而机会背后有一个传导机制，就是为了上好大学，就有必要上好高中。为了上好高中，就有必要上好初中。为了上好初中，就有必要上好小学，拼奥数、剑桥少儿英语，等等。

所以，在这个传导机制下，就倒逼家长送孩子去上课外培训，到头来，孩子还是无法减负。

第二个结构性解释是，"囚徒困境"。

我们一起来推理一下。家长是这样考虑的：如果别的孩子不加码，我的孩子加码，那么我的孩子升学胜算就大一些；如果别的孩子加码了，我的孩子不加码，那么我的孩子升学胜算就小一些。结论是，无论哪种情况，给孩子加码都是合算的。因为别的家长也这么想，于是大家都加码，纷纷加码，层层加码。最后孩子还是无法真正减负。

有了这两个结构性解释，我们就能理解为什么课外培训这么繁荣，为什么家长会把课内减的负在课外变本加厉地加回去了。

而这两个结构性解释，就是我们在评论写作中需要找的结构。

弄清楚结构是什么后,还需要弄明白另一个问题,观点和结构之间,究竟是一个怎样的关系?

在我看来,一篇文章的结构是包含观点的,比如前面提到的关于减负的评论,在用两个结构性解释构建评论结构的时候,它就已经包含了我要表达的观点——片面的减负反而会适得其反。

所以说,结构就是一棵参天大树,观点是它自然而然的果实。要吃到甘甜饱满、营养丰富的果实,我们首先得让这棵树,从大脑中长出来,也就是把新闻事件所涉及的事实、信息、知识、证据以恰当的方式组织起来,在我们的大脑中形成结构;其次,从我们的笔尖流出来,也就是将我们大脑中形成的结构,转化为文本结构,写出来。这也是搭建评论结构的两个步骤。

在这两个步骤中,我认为在大脑中形成结构才是最重要的,这就像一栋房子在封顶之前,它的结构,早就在设计师的蓝图里。同样,一篇评论写出来前,它的结构,也应该早就在我们脑海中呈现。

所以,我把"结构"放在第一步。我会结合个人的评论写作经验,教大家如何形成评论写作的结构化思维,轻松在大脑中形成结构。当然,对于写评论来说,文本结构本身也是重要的,我们也会探讨一下更高效、更抓读者的表达应该长什么样。

想要找到强解释力的评论结构,需要做好哪些准备?

一、建立最低限度的知识储备

每个人都能找到最适合自己的知识结构,走出最适合自己的路。

我们可以顺着自己的兴趣广泛阅读、多看、多跟人打交道,读万卷书、行万里路,这肯定是有利于写好评论的。

在这里,我想结合自己的经验,再给大家分享两个建立知识储备的小技巧。

(一)要目标明确

我们要时刻把自己所学的知识有效地组织起来,把所学的知识结构化、系统化、网络化,然后在大脑中建立起一座有根基、恢宏的建筑结构,在自己的大脑中编制出一张绵密、坚韧的网络。这样,所有的知识点都能在你的组织下,成为有价值的信息。

很多人接触一个领域,或一门学科之后,对所学的知识,经常会有两种处理方式。

第一种方式,学完之后,没有更进一步的思考,就像散放的乐高积木,东一块,西一块,到处放。那么,一段时间之后,学到的知识就忘掉大部分,只留下一些知识片段。

第二种方式,对学到的知识重新再组织、再思考。他们会思考这些知识之间看得见的与看不见的联系,然后把这些知识按照它们本身的属性放到一个合适的结构或系统里面去,让这些知识归位，因为每一个知识都在这个结构或系统中有自己合适的位置，所以这些知识很难被忘掉；即使大脑突然断片了，忘掉了某些知识点，他们也可以通过结构与局部、结构与构件、构件与构件之间的关系补全出来。

这个把知识归位的过程就像用乐高积木搭建大厦的过程，当大厦搭建完成之后，积木就是一个整体，它就不太容易丢失了。

（二）要善于积累有价值的解释模型

通常来说，有价值的解释模型，它的适用性往往比较广泛。你会发现，你在 B 领域中遇到的问题，使用 A 领域中某个解释模型也能完美搞定。当然，更常见的是，A 领域的概念、方法与解释模型，打开了你的视野，给你解决 B 领域的问题提供了灵感，启发你找到新的解释模型。

例 4-2 热力学第二定律，它的原理是任何孤立系统都趋向于混乱、失序，也就是说，熵增。熵（entropy），主要是度量混乱、失序的程度。

参照这一定律，延伸一下，也就是说一个系统要减少混乱、失序，增加秩序，那就必须从外部输入"负熵"。我们的生命要存续，就需要负熵的输入，要随时呼吸、每天摄入营养与水分。再延伸下去，一个社会、一个国家，要走向兴旺，必须有负熵的输入；如果失去负熵的输入，或负熵输入不够，总的熵在增加，那就会走向衰败。

这个熵与负熵的解释模型，就可以用来解释一个组织的兴衰成败。这个组织，可以大到国家、社会，小到营利性的企业组织与非营利性的社会组织。这就是用 A 领域的模型，解释了 B 领域的问题。

例 4-3 2020 年 3 月，网红 Papi 酱生了小孩，小孩随她老公姓，有的女权主义人士就讽刺她称不上独立女性。这事儿，不管是她本人故意炒作，还是女权主义人士上门砸场子。背后有一个真问题：小孩跟男方姓，凭什么？

女权主义的解释，主要的概念是男权、父权、压迫。其实这些概念也是沿用了"阶级斗争"模型，把"阶级斗争"延伸到了男女与家庭。但是，这是一个好的解释吗？

我从进化心理学中找到了一个更好的解释。进化心理学提出了一个概念 paternity uncertainty，也就是父子不确定性，这个子是子女的意思。什么意思呢？就是女性能 100% 确定自己生下的子女是自己的血脉与基因，但父亲却不能这样 100% 确定。那些去基因检测机构进行个人亲子鉴定的父亲，发现子女非亲生的情况还不少。

从父子不确定性这个概念出发，我们可以对婚姻的意愿与存在理由给出一个很好的解释模型。

女性有漫长的孕期与哺乳期，在这段时间，由于行动不便，女性取得生存资源的能力下降并且面临安全保障的问题。而孩子出生后，大人还要花十几年的时间，去帮助孩子习得相关的认知能力和人际交往技能。在这种情况下，那些生存能力强、有能力与意愿提供更多生存资源，愿意与女性共同抚养后代的男性，将会获得女性的青睐。

但男性有父子不确定性，所以女性得让男性相信他保护的孩子是自己的，让孩子跟父亲姓，就可以降低男性对父子不确定性的焦虑，提高抚养孩子的积极性。所以，在这个意义上，子女随父姓是女性给男性戴上一朵小红花。

通过这些解释模型，就能把同一件事情，说出新意、说出深度。所以说，我们要通过大量阅读来搭建自己的知识储备，并且在阅读中，有意识地把知识结构化、系统化、网络化，让知识在大脑中自动"归位"，编制一张张意义之网。同时，我们要找到有价值的概念与解释模型，举一反三，用这些概念与解释模型让评论变得更深刻。

二、心理上与行为上的准备：诚实与好奇心

大家也许会说，这不应该是幼儿园老师给小朋友讲的吗？是的。这些道理是浅的，但因为极其重要，所以值得不断重复。而且，幼儿园有幼儿园的讲法，我们有我们的讲法。我们的讲法聚焦于这两个概念的可操作性上，关心的是如何做

以及如何做到的问题。

(一) 诚实

诚实最核心的是对自己诚实。如果你对自己都不诚实,如何能做到客观?做不到客观,又如何能找到靠谱的结构性解释、提出靠谱的观点?

人是太容易自欺的动物。怎么做到对自己诚实、不自欺?这里我跟大家分享一下数学家、哲学家罗素的两句忠告。

第一句话是:不要因为你希望一件事发生或希望它是真的就相信它。

很多人会犯这个错误。

大家知道,长久以来,房地产领域活跃着一批所谓的"空军","看空"的"空","军队"的"军"。这些人不断从这个因素、那个因素论证一线城市房产要大跌,希望等房价跌到某个心理价位后再入手买房。

那这些人算真正的空头吗?

如果你是从事实出发,根据客观的解释模型推断房价要跌,然后从行为上看空房市,决定卖出自己手中的房产,这才是真的空头。如果你是从自己的愿望出发,希望房价跌到你的心理价位以下再出手,而为此不断找各种证据证明房价会下跌,这不是真的空头,这是典型的自欺。

同样,在一个公共事件发生后,你会看到各种解释与各种观点,你在接受某种解释与某种观点之前,或者在提出解释与观点之前,要问自己一个问题:我是因为希望它是真的而相信它,还是因为它的解释力很强而相信它?敢于这样自问,才能走出自欺。

罗素关于诚实的第二句忠告是:不要因为你相信一件事有社会的、道德的收益,所以就相信它。这句话就不多加解释了。

我们从结构化的视角来理解这两句话。

第一步,归纳总结一下,罗素的两句话要反对的是同一种现象,就是从事情的利害与我们的爱憎出发来定事情的真假。

第二步,提取两组变量,第一组变量是事情的利害与我们的爱憎,第二组变量是事情的真假,理论上有四种组合,但现实中只有两种组合:第一种是因为相信某个事情是有利的或情感上偏向它,而选择相信它是真的;第二种是因为相信某个事情是不利的或情感上厌恶它,而选择相信它是假的。

第三步,继续增加一组变量,利害关系是涉及个人,还是涉及社会。最后形成四个判断:因相信某个事情是有利于个人的而选择相信它是真的,因相信某个事情是有利于社会的而选择相信它是真的。这是罗素说的两个命题,我们要避免。

因相信某个事情是不利于个人的而选择相信它是假的,因相信某个事情是不利于社会的而选择相信它是假的。这是罗素没有说的两个命题，我们同样要避免。

（二）好奇心

好奇心就是求真探索之心。一个人生命力是蓬勃的还是萎靡的，是旺盛的还是衰微的，是光芒四射的还是暗淡无光的，就看他有没有好奇心，好奇心有多强。

同样，我们还是从可操作性与方法论的层面来理解一下好奇心。

将好奇心运用到评论写作中最简单有效的方法，就是提问，多问是什么、为什么、怎么办，尤其是要多问为什么。因为，如果你有问题，你就会有强烈的动机去寻找答案，在寻找答案的过程中，你又会产生更多、更深的问题，这又会推动你更深地往下挖答案，直到问无可问、挖无可挖为止。苏格拉底著名的"助产式"诱导法，其实就是提问法。通过一系列的问与答获取知识，把模糊的印象、看法变成清晰的认知，就像一个婴儿要生出来，多多少少需要助产士的帮忙一样。

如果你对一个公共议题没有问题，那只有两种可能，要么你是专家，对这个问题了解得非常彻底，要么你对这个问题只有肤浅的理解，却以为自己深刻理解了，这种情况，通常是你缺乏提出正确问题的能力，或者缺乏提出正确问题的意识。这时候，你就需要有意识地培养自己提问的能力了。

使用提问法时,大家要注意两点:第一,要相信自己的直觉,你觉得哪里不对,哪里很可能就是突破点;第二,我们在进行提问训练时,要善于在不疑处有疑,在大家都有疑处问得更多、更深一些。

例4-4 2020年4月,李国庆从当当夺印,成为大家讨论的热点。我在看的时候,突然冒出了一个问题:在中国,企业公章为什么这么重要?企业是私有的,不是公权力机构,为什么一定要有公章?在法律效力上,高管的签字完全可以替代嘛。

在大家看来,企业公章重要是一件习以为常的事情,没有什么疑问。而我就这一处存疑,于是向一个作者派出这个题目,让他梳理一下公章在东西方的起源,研究一下企业公章与高管签字的法律效力问题。最后,就成就了一篇有独到角度的文章,题目是《公章怎么就成了"白天绑在裤腰带,晚上放被窝里"的宝贝?》。

这就是在不疑处有疑。

小结:

要找到强有力的结构,需要做的准备有哪些?

第一,要做好知识储备,把所学的知识进行结构化处理,并多积累有价值的解释模型。

第二,要做好心理和行为上的准备,比如要避免因为相信某个事情是不利于个人或者社会的,而选择相信它是假的;因为相信某个事情是有利于个人或社会的,而选择相信它是真的。再比如,要保持好奇心,在面对公共议题的时候多提问题,做到在不疑处有疑,在大家都有疑处问得更多、更深一些。

第二节 善用结构化思维,掌握评论结构的"存真去伪"之道

上一节中,我们讲到要找到强有力的结构,需要做好知识储备以及心理和行为上的储备。当做好这些准备后,问题又来了,我们要怎么去找到事件背后结构化的解释模型,构思评论的结构呢?

其实,快速挖掘新闻事件背后的底层结构,是有一些结构化思维工具的。

一、五种有效的结构化思维工具

首先,我来给大家介绍五种有效的结构化思维工具,帮

助大家快速找到公共议题背后的结构化解释模型。

（一）公共议题的双层结构划分法

一个公共议题被引爆之后，各方当事人会根据自己的利益强化对自己有利、对博弈方不利的事实与看法，同时也会淡化对自己不利、对博弈方有利的事实与看法，这是基本人性。

而且不同当事方发声的能力是不一样的，有些当事方给出的信息与看法会在舆论场中被大量呈现，反复强化，有些当事方的声音很弱，甚至根本没有。

撰写评论文章，一定不能被舆论场上的声音给迷惑了，而是要运用双层结构划分法，分步厘清两个层面的基本问题。

1. 真假层面

在面对一个公共议题的时候，我们要尊重科学与事实，对各当事方呈现的信息去粗取精、去伪存真，确定哪些信息是相关的、重要的、真实的、可靠的，哪些信息是不相干的、甚至是干扰性的噪声，并考虑这些信息是否完备。简单地说，就是我们要判断，眼前的事实是完整的事实，还是当事方为了自己的利益呈现出来的片面真实。

这是最基本、最底层的层面。这个层面做对了，下一个层面才可能做对。

另外我还要提醒大家，在写评论文章时，一定要避免两点：第一点，避免看到一个当事方给出的信息与看法，马上就义愤填膺，产生强烈的代入感，对其他当事方给出的信息不管不顾，这样做，很容易被反转打脸；第二点，避免因为认同某一方的利益或观点，就完全为一个当事方站台，这是不尊重事实的。

2. 利害层面

这是个人权利与公共选择的层面。我们要去分析，谁在主张自己的哪些权利？他有没有侵犯别人的权利？问题可以通过什么方式解决？可以通过市场方法来解决吗？如果能，具体怎么解决？如果不能，需要通过公共选择方法来解决，那么什么样的解决方案是社会成本最小的、最合理的？

也许这么讲还是显得抽象。下面举一个案例来分析在面对公共议题时，我们要如何利用双层结构划分法，快速找到事情的解释模型，构思文章的结构。

例4-5 譬如你住的小区附近要建一个地铁站点，或者歌剧院，或者大型购物中心，你应该是欢迎的，这些都算正面设施，增加了生活的便利程度，还会让房子升值，但还有一类设施，如垃圾焚烧发电站、殡仪馆，你可能就未必欢迎了，这些属于负面设施，对于一个城市或一个国家来说绝对需要，这些项目应该如何选址是一个非常棘手但必须回答的问题。

面对这类公共议题，我们要如何利用双层结构划分法来分析问题呢？

第一步，我们要先从真假层面，也就是事实与科学层面，把事实的整个图景完整呈现出来。

就拿对二甲苯来说吧，有一种观点认为，它是低毒的，所以附近居民反对这些项目，是"愚昧无知、科学素养低"，是无理取闹。

我的切入点是：它低毒当然是对的，但这是否构成兴建工厂的充分条件？如果这一论点成立的话，那这背后至少要满足三点假设，分别是这个工厂只生产这种东西，生产过程中也不会有污染排放，而且管理上绝对不会发生安全事故。那这些假设，究竟能否成立呢？

我查阅、研究文献后发现，这一项目，不会只生产二甲苯，还会生产苯等其他化工产品。除此之外，还会排放大量污染物，包括二氧化硫、氮氧化合物、烟尘、粉尘等。

可见隐含假设不成立。只有对这些问题如何处理进行全面解答，才能有助于打消公众疑虑。

你看，如果不查阅文献，你对这个问题是不会有深入、正确认识的。

我一直觉得，最高明的撒谎不是直接编造谎言，而是用部分事实营造一个虚幻的真相，只强调对自己有利的事实，而不是把整个事实原原本本讲出来。作为评论员，我们要善于戳破这种谎言，去挖掘在所谓的新闻事实背后，是不是还有隐藏着的真相。

辨完真假后,我们再来看看第二层面,利害层面,也就是个人权利与公共选择的层面。

一个负面设施,是会对周边带来两个负面影响的:第一个负面影响,是中间产品、最终产品与污染物会产生有组织排放与无组织排放,并且还可能因为管理不善而发生安全事故,这些可能会对周边环境与居民健康产生不良影响;

第二个负面影响,是会损害周边物业的市场价值,毕竟同样的价格,大家自然会选择住环境更好、远离这些负面设施的小区,那这些负面设施周围的房子,要想卖出去,就只能降价了。

如果是先有的负面设施,再建的居民区,那物业市价已经包含了因为负面设施而带来的折价,可以推定业主自愿接受负面设施带来的负面影响。这种情况,是没有损害个人权利的。

如果反过来,先有的居民区,后来建的负面设施,最终导致房价下跌,那就直接损害了个人的权利。这种情况下,业主应当是有权利索取赔偿或者是拒绝兴建的。

运用双层结构划分法,对真假层面和利害层面进行剖析后,评论的结构也就清晰了。在对这件事的评论中,我就是从两个角度来搭建结构的:第一个角度是"科普应该呈现的是完整的事实,各种主要利弊都要讲清楚,不应该是选择性的";第二个角度是"产权问题或公共选择问题是不能还原成科学问题的,对负面设施问题而言,让科学的归科学,产权的归产权,才能纲举目张,让问题迎刃而解"。

找到解释模型,把思路理清楚,一篇评论的结构自然而然就搭建起来了。

(二)人或组织的行为四象限划分法

这个方法,其实是在分析利害层面的基础上,进行了细化。

人或组织的行为,根据目标是追求私人利益还是公共利益,手段是私权利还是公权力,可以分为四个区间:私权利追求私人利益,是营利性组织与市场;私权利追求公共利益,是公益或慈善;公权力追求公共利益,是正当政府行为;公权力追求个人或组织的私人利益,那就是贪污与寻租行为了。这刚好涵盖一个二维坐标系的四个象限,也可以看成一个 2×2 的矩阵。

行为/手段	目标	性质
私权利	私人利益	营利性组织与市场
	公共利益	公益/慈善
公权力	公共利益	正当政府行为
	私人/组织利益	贪污/设租寻租

当一个有公共价值的大新闻发生后,我们要首先判断它属于哪一个象限,然后从大脑中调取相应的解释模型。

比如负面设施问题，如果一方是私营企业，另一方是周边居民，我们就可以用先来后到与个人权利的解释模型来处理。

但如果兴建的一方是政府，例如政府主张兴建是为了公共利益。那就有两种方法：一是把政府也当成民事行为的主体，沿用先来后到与个人权利的解释模型处理；二是用公共选择的方法与规则，例如周边居民按照人数或产权来投票，决定项目的去留，多数同意则项目继续，多数反对则项目中止，从而定分止争。

（三）参照系法

简单地说，在要讨论、分析一个事物时，我们可以选取几个参照系，挖掘这个事物和参照系之间所有可能的相同点与不同点。

例 4-6 2020年上半年，电商直播大火。各路网红、县长、市长、明星纷纷下海试水带货。如果现在让你解释电商直播为何这么火？还会这么一直火下去吗？你会怎么搭建评论的结构？

如果用参照系法，我们可以先找几个参照系，来和电商直播进行对比。

既然叫电商直播，我们可以选择的第一个参照系就是电商。电商直播意味着它是电商的升级版，那电商相对于实体商业具备的优势，电商直播也同样具备，比如节省购物时间，在家闭门不出，凭着一部智能手机、几个点击，就完成选货与支付，然后等快递员送货上门就行了。那电商直播不同于普通电商的地方在哪里呢？

主播的名人属性是很容易观察到的，主播对粉丝有影响力、号召力，主播的粉丝越多、聚合的购买力越强，能从厂家拿到的折扣就越低，从而可以给粉丝更低的零售价。这就是主播具备的议价优势。

接下来，我们想到电商直播与电视购物形式上很类似，电视购物，就是第二个参照系。我们发现：十几年前的电视购物是录播，而且是单向传播、没有互动，没有社区感与粉丝凝聚力；而电商直播是实时的，粉丝与粉丝之间、粉丝与主播之间有实时互动与双向反馈，营造了一个虚拟社区。

通过和参照系之间的对比，我们基本就能梳理出电商直播火的原因了，这篇评论的论述结构，自然而然就搭建起来了。

例 4-7 电动汽车这几年很火，许多人看好电动汽车，说是"未来大趋势"。如果是你，你又要如何评论这个观点呢？

同样，我们可以运用参照系法。

显然，电动汽车合适的参照系是汽油车。一个用电池，一个用汽油，通过对比，我们不难发现，在目前电池技术条件下，电动汽车相对于汽油车有三大主要劣势。

一是电池的能量密度只有汽油的几十分之一。汽油车加满油轻松可开八百甚至上千公里。电动汽车主几乎人人都存在续航焦虑,担心电量不够停在半路。

二是电池的能量补充速率太低。所谓快充都需要一两个小时,至于慢充需要十小时左右。而汽油车加满油也就三两分钟。如果你送危重病人去医院,汽油车中途没油了,花三两分钟加一下油误不了事;但要是电动汽车中途没电了,麻烦就大了。

三是安全问题。电池快充、电池短路故障、长时间停放于高温之下、车辆发生撞击等情形都可能发生爆炸。

在这样的结构性解释之下,结论是显而易见的。电池这三方面的性能如果没有根本性突破,电动汽车取代汽油车是不可能的。

(四)提取变量法

这里先举一个例子。

例 4-8 现在反歧视是一个时髦话题。但什么是歧视?所有歧视都需要反吗?或者说,哪些歧视才需要反?

在面对这个话题的时候,大家就可以试试提取变量法,来进行构思。

我们先引入第一组变量,是效率与无效率。

设想一个自由竞争的行业,一男一女去公司应聘,女的比男的能力更强，但老板仍要男的。相信所有人都同意这叫歧视。问题是这种是无效率歧视。

在自由竞争市场条件下，老板宁要效率低的男性，也不要效率高的女性，这样的企业成本更高、效率更低，在市场竞争中会处于不利地位。可见真歧视意味着歧视者本人付出代价，是无效率歧视。相反，老板招漂亮女性而不是相貌普通的女性做公司前台，因为有利于公司的形象与生意，那就是有效率歧视。

接着，我们引入第二组变量，是需要反对的与不需要反对的。

显然，为了提高效率而产生的歧视行为，是正当的、不需要反对的。但无效率歧视呢？如果是一个自由竞争行业，竞争与生存的压力本身就会压制无效率歧视，反对这种歧视也是不太需要的。

哪一种行业的非效率歧视是需要反的呢？权力垄断的行业，缺乏竞争或竞争不足的行业。歧视的成本并不是由歧视者本人承担，而是由纳税人承担的，那这种歧视是需要反对的。

通过提取变量，对不同条件下的反歧视进行讨论，我们就可以用更全面的视角来看待反歧视的问题，而不是泛泛而谈要支持还是反对了。同样，我们在面对其他评论话题的时候，也要学会通过提取几组变量，然后把这些变量组合起来，呈现所有可能的讨论情景，这样整个讨论就会显得完整、完备，说服力也会更强。局限在一种情景下去讨论，我们的讨论就不完备，有缺失，容易使观点具有片面性。

（五）推理补全法

如果我们已知一种行为导致的主要结果，就可以把关键行为放在整个图景中补全出来，然后把其整个行为模式完全推理出来。

例4-9 2020年4月，民政部、国家发展改革委等六部门联合出台意见，提出，用3年左右时间，给社区出具证明工作"瘦身"，从根本上改变"社区万能章""社区成为证明大本营"等现象，还给出了首批不需要社区办理的20项证明。

我们已知行为的一个结果，那就是大量开证明的工作，都压到了最基层的村委会、居委会身上。20项证明中，有些证明是非必要的，有些信息虽然是必要的但并不需要呈现为一纸证明的形式，但这些证明为什么会存在，为什么压到基层身上、压到个人与企业身上？显然，我们必须把更高层级的政府部门补充到图景中去。然后通过推理补全就容易了。

接下来，我们合理地假设某个更高层级的政府部门与它的办事员，做事基本考虑是不出错、不担责，避免任何风险。你去办事，受理的公务员对你说："对不起，请您去找某某部门开证明，需要这样的格式与内容，以确保相关信息真实、权威。"这是很自然的吧？

但别的平级部门的办事人员显然也会这么考虑。对你来说，为了在 A 部门办成事，就必须获得这个证明；为了获得这个证明，可能又要提供各种凭据，这个链条可以延伸得很长很长，让你苦不堪言。或者，有时你会遇上难以破解的闭环，你在 A 部门要办成事，需要 B 部门提供证明；但 B 部门出具证明，又以在 A 部门办成的事为前提。

部门卸责是本能，但不可能向上级卸责，也不可能向平级卸责，只能向下级卸责，只能向来办事的个人与企业卸责。最终导致，大量的证明开具工作压向社区；大量本不必要的证明与本可以通过部门共享解决的事项压到个人身上。

当我们通过推理补全，把行为模式及其后果呈现出来后，可以推断，证明瘦身并不容易，压力放松了仍有反弹可能。

最后，我还想提醒大家，在找结构性解释模型的时候，特别容易陷入思维误区，一旦陷入了，那就只有一个结果，自以为找到的结构性解释，其实是有根本缺陷的、站不住脚的，因而是错误的。

二、破除思维误区的两种结构化思维工具

（一）对称性

也许有人听到对称性，就想到了数学中的几何。我们这里

要讨论的可不是这个,而是讨论人的行为、组织行为的对称性。

具体是什么意思呢?还用之前提到的两个例子来说明。

例4-10 针对教育部减负的新闻,我们用"囚徒困境"这个概念进行了评论。在推理"囚徒困境"的过程中,我们先是任意选取一个家长,证明他的优势策略是无论别的家长是否给孩子加码,他给孩子加码都是合算的。然而,我们并没有假定这个家长的行为有任何特殊性,而是假定别的家长和他的行为是一样的,这就是行为的对称性,谁也不比谁更特殊,这样我们就推出了"囚徒困境",每一个家长都会给自己的孩子加码。

同样,在刚刚提到的给社区出具证明工作"瘦身"的案例中,我们假定政府部门有卸责的倾向,但为什么不能向平级卸责,只能向下级卸责呢?因为我们假定了平级之间行为的对称性,谁也不比谁更强大。

因此,所谓个人行为或组织行为的对称性,意味着行为动机与行为模式具有同一性,谁也不比谁更特殊,谁也不比谁更神奇,谁也不比谁更高尚,谁也不比谁更愚蠢。

如果不能深刻理解这种对称性,对公共议题的分析就显得很可笑,得出的结论也会显得很荒谬。

长久以来,评论界有一类评论文章,基本的套路是,什么地方、什么领域发生不好的事情了,他们给出的原因都是因为政府没有管或管得不够，得出的结论都是"政府该管管了"。听起来还挺合理的，但这其实是一种思维谬误。

例 4-11 某地饭店发生了食品安全事故，评论员的结论还是"政府该加强监管了"，听起来似乎完全合理，问题是，政府对饭店的监管真的少吗？

我这里引用一位食品安全检查员的话吧，他说："对一个合法经营的小烤肉店的厨房要求，是要具备粗加工、热厨房、出餐区、凉菜专间、刺身专间、预进间和洗碗间这七大独立区域。这意味着要增加很多的厨房面积，增加很多租金支出。为什么对一家小小的烤肉店，硬件要求也这么高？对于主管部门来说，反正我要求这么高，出了问题也不是我的责任了。"

那些什么事情都主张加强政府监管的评论员，内心隐含的假设是，饭店经营者是自私自利的，其行为是不完美的，会犯错、会忽视食品安全，但监管者是大公无私、一心为公的，行为完美，甚至全知全能，监管者介入之后，食品安全就能一下神奇解决，这是假设监管者的动机与行为是特殊的，这种假设根本上违背了行为的对称性原则。

一方面，监管者并不是大公无私，他们有动力增加许多监管措施，第一个原因就是怕出事后担责，第二个原因是寻租动机，增加许多严格的、不必要的监管要求，同时掌握执法上的自由裁量权，那饭店经营者为了把生意经营下去，就得努力取悦监管者。

另一方面,监管并不是越多越好的,当监管多到一定程度,饭店要付出大量成本来应付监管合规需要,这些成本只能从卖出去的菜品中收回,但菜品是不能随便涨价的,为了生存下去,很多挣扎在生存线上的饭店,就不得不采取降低食品质量的办法。你看,过度监管反而会降低食品安全。

如果深刻理解了行为的对称性,我们就会对"出了什么事都要增加监管"的论调持谨慎与反思的态度,就会考虑当前的监管是否合理,所鼓吹的监管是否有必要,仔细分析每一种监管的实际效果,并且考虑所有的监管总体上到底是有利于食品安全还是不利于食品安全。

(二)关注看不见的部分

如果我们分析的图景中只有看得见的,那什么荒唐的结论都可能得出来。相反,如果我们把看不见的也加到图景中去,那么一个完备可靠的结构性解释就会自然而然呈现出来。

例 4-12 经济学上有一种谬误理论,认为战争、自然灾害有利于促进经济发展,因为战争、自然灾害发生后,会有重建,然后会产生乘数效应,带动很多产业与就业。

经典的模型是"破窗理论":一个小孩用石头打碎邻居家

的一块玻璃之后，邻居就会买新的玻璃，卖玻璃的商家就增加了生意，然后他就会用增加的收入购买食品与衣服等，又会给卖食品、卖衣服的商家增加收入，这个过程可以不断持续下去，邻居付出 100 元，最终可能导致全社会 500 元收入的增加，这就是所谓的乘数效应，这不是促进经济发展了吗？听起来头头是道，非常正确。

但这个模型只关注了看得见的部分，完全忽视了看不见的部分。

我们假设一下，如果小孩没有打碎邻居家的玻璃，那邻居的 100 元钱本来就可以用来买食物、买衣服、看电影等，然后卖食物、卖衣服、开电影院的商家就会得到收入，他们用增加的收入来增加消费，这个过程不断持续下去，同样可以导致全社会 500 元收入的增加，同样可以产生乘数效应。这是看不见的部分。

小孩打碎玻璃之后，本来可以产生的、看不见的乘数效应消失了，代之以看得见的乘数效应，所以根本不是凭空多出来一个乘数效应，只不过是从一种乘数效应转变为另一种乘数效应而已。而且，对邻居来说，被打碎的玻璃是财富的净损失，邻居是变穷了一点点。对整个社会来说，因为被打碎的玻璃，总的财富也损失了一点点，所以根本没有经济增长，只有经济损失。

把看不见的部分放到整个图景之后，整个解释模型都不一样了,结论也完全不一样了,也能看清楚只关注看得见的部分错在哪里。

小结:

找到解释模型的结构化思维工具有哪些?

第一,双层结构划分法。

第二,四象限划分法。

第三,参照系法。

第四,提取变量法。

第五,推理补全法。

破除思维误区的两种结构化思维工具是什么?

第一,对称性。

第二,关注看不见的部分。

第三节 巧用推理工具打造结构,让你的观点更能以理服人

从已掌握的事实与信息出发,到我们要得出的可能结论或论点之间,有一大片未知的荒野需要探索。为此,我们需要找到一条最佳的路,让所有的信息,从出发点到结论,都有意义地串在一起,让每个部分都各得其所,整体上呈现出

恢宏、严整、简洁且有美感的结构。

而要寻找到最佳路径，通常需要以下几个步骤。

一、从多个信源获得可靠的信息

（一）在检索英语信源时，要充分理解美国媒体的基本结构

首先，我要强调一下英语信源的重要性，这约等于英语的重要性。如果你看不懂英语，那就要错过太多了。这个世界上超过 90% 的科学文献都是用英语写的。所以，从可靠信源获取可靠信息的实用角度看，英语是一定要学好的，不是为了考试，不是为了评职称。

那我们要如何检索国外的英文报道呢？

一是要看媒体与出版者的行业声誉；二是要注意到这些媒体的意识形态分野，不同政治倾向的媒体意味着截然不同的观点，甚至很多时候意味着对同一事件的叙事也是不一样的。

大致而言，美国的主流媒体多数是自由派倾向的，部分是保守派倾向的。

几乎在每一个公共议题上，这两派的主张都是截然相反的。这是理解美国媒体的一个基本结构。

所以，你在读英文报道与公共议题的英文文献时，心中一定要有一根弦，要意识到这篇报道背后的立场是什么，不要想当然地假设美国或西方是铁板一块的，或者假设英文知

名媒体的报道就一定是客观的。

（二）报道涉及多家媒体、多个当事人时，要确定信息的可靠性

具体要怎么做呢？

第一，当然要看媒体的行业声誉。按信源可靠性排列的话，显然，机构媒体比自媒体要高。在机构媒体中，可靠性也有区别。

第二，如果一个公共事件发生后，多个当事人出来说话，而他们的说法又不完全一样，那我们就看看他们说法完全一致的部分是哪些，然后对照那些不一致的部分。

面对不一致的信息时，我一般会用四种处理方法。

第一种是看那些不一致的部分，严肃媒体是怎么报道与取舍的，能不能让人信服。

第二种是把自己置于情景之中，运用同理心、常识与对人性的理解，判断不同叙事的靠谱程度。

第三种是运用推理工具，也就是后面会提到的贝叶斯推断，大致就是，从他们说法完全一致的部分出发，推断哪种叙述最大概率会成立。

第四种是如果以上三种方法还是不足以厘清事实的话，就让子弹飞一会儿，等事件的进一步发展。

（三）要对证据的有效性与可靠性进行分级

事实和信息并不能自动成为证据。我们不能把事实一摆、信息一摆，说这就是证据。在一个解释模型中，严格意义上的证据指的是能够直接推断出结论的事实，也就是充分条件。

同样，我们在面对从四面八方涌来的信源时，不能随便抓一个信源就作为论证观点的证据，而是要考虑不同信源的有效性和可靠性，当越多来自可靠信源的有效信息指向我们的观点时，那我们的观点就越有可能成立。

那要如何根据有效性和可靠性对证据进行分级呢？

循证医学给了我们最好的启发。从字面上理解，循证医学就是要遵循医学证据，来给病人推荐治疗方案。而这些证据，是划分了等级的。

在美国预防医学工作组（U.S. Preventive Services Task Force）的分级方法[1]中，大规模、随机、双盲的对照试验，证据等级是最高的；临床医生的感受，证据等级是最低的。

在分析公共议题的时候，如何运用循证医学的方法对证据效力进行分级？

---

[1] 美国预防医学工作组的分级方法，可以用于评价治疗的证据质量：Ⅰ级证据：自至少一个设计良好的随机对照临床试验中获得的证据；Ⅱ-1级证据：自设计良好的非随机对照试验中获得的证据；Ⅱ-2级证据：自设计良好的队列研究或病例对照研究（最好是多中心研究）的证据；Ⅱ-3级证据：自多个带有或不带有干预的时间序列研究得出的证据，非对照试验中得出的差异极为明显的结果有时也可作为这一等级的证据；Ⅲ级证据：来自临床经验、描述性研究或专家委员会报告的权威意见。

面对公共议题时,我们可以采用类似循证医学的原则,对现有的证据进行分级,比如个人的证言、偶发的或极端的事件,证据效力等级是最低的。

因为个人自身的经验是有局限性的,可能也会因为利益而扭曲他的证言。所以我们在给公共议题写评论时,不能只听某一个人的证言,一定要多方论证。

而偶发的或极端的事件,没有普遍性,也不能构成一个值得解释的现象。比如,哪怕社会道德水准再高,警察再怎么卖力执法,犯罪率也不可能降为零。天生反社会分子是存在的,再怎么教育也改变不了。所以,我们不能光凭某个反社会分子的极端行为,就开始指责社会道德沦丧之类。

二、通过科学的推理工具,找出信源背后隐藏的评论观点

(一)狭义的逻辑推理

狭义的逻辑推理包括完全归纳与演绎。

完全归纳就是对某类事物的全部对象进行分析、考察后,从中归纳出一个一般性的结论。比如,我们看到第一只天鹅是白的、看到第二只是白的,一直看到第 1000 只都是白的,我们得出结论说:这 1000 只天鹅是白的,这就是完全归纳。

演绎是由一般到特殊的推理方法。比如,这 1000 只天鹅

都是白的，这个命题是正确的，那么就可以推出，这1000只中的任意一只天鹅是白的。这就是演绎。

所以，通过完全归纳与演绎，从正确的前提推出正确的结论，这一点也不神奇。最神奇、最重要的是，我们需要找到正确的前提或者是基本公理，来作为推理的出发点，这样才能得出有价值的结论，以此来解释多个场景。

那我们需要掌握哪些基本公理呢？这里给大家定义一组自然权利作为基本公理，一共有三条。

第一条，每个人都拥有自我所有权，也就是每个人对自己的身体与生命、体力与脑力拥有完全所有权。

第二条，没有主人的物品，我们遵循先到先得原则，而有主人的物品，我们遵循自愿交易原则。

这两条合起来就是生命、自由与财产权利。但这还不够，我们还需要加上第三条：每个人都有用武力保卫自己生命、自由与财产的权利。

如果没有这一条，前两条根本不可能存在。要理解这一条，先要弄懂进化稳定策略，英文简称是ESS。它是进化博弈论的核心概念，是指种群中的大部分成员采取某种策略，而这种策略的好处是所有其他策略都比不上的，所以具有稳定性。

怎么理解呢？比如在多次博弈中，设想总共有三种策略：第一种总是合作；第二种总是背信；第三种一报还一报，也就是别人合作你也合作，别人背信你就会报复。

大家都采取"总是合作"策略似乎特别美好，但这个时候"总是背信"策略是有利可图的，随着采取"总是背信"的人越来越多，采取"总是合作"被背叛的概率越来越高，到最后，谁采取"总是合作"简直是作死。可见"总是合作"不能被大部分成员稳定使用，所以不是ESS。而一个人人采取"总是背信"的社会，那就没有任何合作可言，就社会延续的目的来说，也不是ESS。

现在再看第三种策略，"一报还一报"，别人合作，你也合作，由此催生更多的相互合作；别人背信，你就报复，这就抑制了背信。所以"一报还一报"的策略能够促进合作，是被社会大多数成员所采用的稳定策略。

这也是为什么在自然权利的基本公理中，当别人侵犯我们的时候，我们有用武力保卫自己生命、自由和财产的权利。因为一报还一报是人类进化出来的稳定策略，也是人类继续进化的动力。

理解了这三条自然权利的基本公理后，我们就来看看，要如何利用这些基本公理来推理出新闻事件背后的观点。

第一种方法是用思想实验法，看在道德困境中，当事人的选择是否有违自然权利的基本公理。

所谓的思想实验，就是观察极限状况对人性与道德的考验。

例 4-13 美国政治哲学教授桑德尔在正义课上设置了一个有两种情况的道德困境。

第一种情况,你是医生,有两拨人有生命危险,等着你救治,一拨是五个人,另一拨是一个人,但时间与条件有限,你只能救一边。几乎所有学生都选择了救五个人。

第二种情况是,现在有五个人等着你救命,但你必须杀掉一人,取出他的器官或血液才能救剩下的人,否则他们都会死掉。几乎所有学生都会选择不杀人。

桑德尔认为,某些道德困境源于相互冲突的道德原则。比如一方面,我们的道德原则认为应当尽可能多地挽救生命,但另一方面,我们的道德原则又认为,即使有一个很好的理由,杀害一个无辜的人也是不对的。于是,当我们需要杀害一个无辜的人,去挽救一些人的生命时,我们便遇到了道德困境。

但是,从自然权利的基本公理来看,真有所谓道德困境吗?

情况一,医生的选择无论是救五个人,还是救一个人,均不侵犯任何一拨人的权利,因为医生其实是在选择服务对象:是给五个人服务,还是给一个人服务。患者与医生是诊疗服务的买卖关系,这种关系同买卖其他商品与服务并无本质区别。

情况二,如果医生取一个无辜人的器官来救剩下的人,那就僭越了一个医生的本分,侵犯了这个无辜者的生命权利。

这是以自然权利为基本公理,所推出来的必然结论。

回到现实的新闻案例中来,遇到类似的道德困境时,我们就可以去看看,当事人的选择有没有违背三条自然权利的基本公理,从而找到我们立论的角度。

利用基本公理,推理新闻评论观点的第二种方法是使用归谬法。

归谬法是一种特殊的演绎法,它是先假定对方的大前提正确,然后经过严格演绎推理之后,推出违反自然权利基本公理的荒谬结论,从而反证对方的大前提有问题。对于大量公共议题来说,这是一个解释力强大的基本公理。

例4-14 在一个案子中,盗抢者抢了东西就跑,失主急忙追盗抢者,结果盗抢者闯红灯被大巴车撞死了。法院这样认定:失主在被抢后,盗抢者的不法侵害已经结束,不会对失主造成严重的生命威胁,失主在保证抢劫者安全的情况下可以追赶。在盗抢行为终止后,失主不应该看到小偷进入车流中还进行追赶,这具有故意伤害嫌疑。大家觉得这种认定对不对?类似的案例还有失主追小偷,小偷在逃跑过程中被淹死了,小偷家属向失主索求赔偿。

也许大家一时很难断定孰是孰非,但是我们用归谬法,看看大前提是否违反了自然权利的基本公理,就很好推理出来了。

如果失主追盗抢者或小偷的前提是必须保障他们的人身安全,那么失主在追他们之前是不是得好声好气地问:"喂喂,大哥,您好,请问几个问题,你们有没有心脏病?你们能保证不闯红灯吗?你们能保证不跳楼也不跳河吗?你们能在保障自己人身安全的前提下逃跑吗?"假定盗抢者或小偷特别诚实,给出了让失主放心的所有回答,失主这时能追赶吗?这些话可能会死无对证,得录音录像下来才行,或者他们得把所有答案写下来,交给业主才行。好了,终于可以追了。

这是不是也太荒唐了,而且它在实质上,也是否定了失主对自己财产的防卫权,这与自然权利基本公理相悖的。

之前我评论一则"追小偷致其身亡,失主无奈被起诉"的新闻时,用的就是这样的推理逻辑,最后确定的评论观点是:

在公民生命财产受到侵犯之时,就应该让公民的防卫本能释放出来,而不是以上帝视角要求公民"应当预见"嫌疑人被追过程中会受伤会死。让作奸犯科的人"应当预见"在威胁别人生命财产安全时自己的生命安全就处在危险之中,不是更合理吗?

这么一推理,就能确定我们的评论观点了。

(二)广义的逻辑推理

在充分、完备、准确、真实的信息下,得出正确的判断与决策,是比较容易的。在不充分、残缺的信息甚至包含着不真实、互相矛盾的信息下,进行判决与决策,这就考验人了,这时候,如果我们能够自觉地使用贝叶斯推断,情况就大不一样了。

什么是贝叶斯推断呢?

简单地说就是根据当前掌握的事实与信息,对所有可能得出的结论按照概率大小进行排序。也就是说,你所持的观点其实不是一个观点,而是按照概率大小进行排序的若干个观点的集合。当然,如果必须根据这些事实与信息进行决策,一般可以根据概率最大的结论进行决策。或者说,我们会选择最大概率的结论作为观点。当然,如果出现了新的事实与信息,可能会影响这些结论的概率分布,也就是说我们的观点会随着新近出现的事实而发生改变。

当某个新闻事件发生后,我们想要进行评论,贝叶斯推断在其中能起什么作用?

第一个作用,避免自欺,保持客观性。你如果因为特别喜欢某个观点,只收集有利于这个观点的事实与信息,淡化、抹杀不利于这个观点的事实与信息,贝叶斯公式会不断提醒你,这是自欺欺人。我们写评论,应该把所有可能的观点都要放到广义推理规则贝叶斯公式的框架下进行处理,用这个广义推理规则把可靠的观点选择出来。

第二个作用,我们在某些情形可以构建一组证据链,得出后验概率达到1或非常接近1的结论,也就是说,结论像狭义的演绎推理一样可靠。

当然,在面对真实的新闻事件时,不一定有那么准确的概率数据让我们去计算，这时候，不用去钻数据的牛角尖，而是要灵活地运用贝叶斯思维，比如不要新闻事件一出来，就只选择有利于我们观点的事实，而是要承认可能有不同的观点存在，并且要随着事件的发展，不断更新自己的观点，这样才能更客观。再比如不要一出现某些声音，就听风是雨，一窝蜂地去认同这些声音，而是要通过贝叶斯推断的思维来客观看待所有可能的观点，运用直觉与常识来给这些观点进行可靠性排序，同时不断收集与获取新的进展情况、新的信息。

小结：

如何从复杂的事实和信息中，找到结构化的解释，有效推理出合理的观点？

第一，从多个信源中获得可靠的信息。这个步骤要注意三点：一是在检索英语信源的时候，要充分理解媒体的基本结构；二是在公共事件发生后，如果有多家媒体报道、有多个当事人出来说话，一定要厘清事实，确定信息的可靠性；三是要学习循证医学的原则，对证据的有效性与可靠性进行分级。

第二，通过思想实验法、归谬法、贝叶斯推断等工具，推理出信源背后的观点。

第四节　妙用文本结构，让读者对你的评论"上瘾"

对一篇 1500 字左右的评论文章来说，绝大多数情况下，在大脑中可以自然而然地、大差不差地转化为文本结构。不过，什么样的文本结构更高效、更抓读者，本身也是一个有价值的问题。

接下来我就介绍几种既能高效表达，又能抓住读者的文本结构。

初中语文老师这样教过，议论文的结构是：引论—本论—结论，或提出问题—分析问题—解决问题，这种说法不能说错，但对于我们如何在大脑中形成结构、如何安排文本结构，几乎没有帮助。我们都知道要有本论，要有分析问题的部分，但如何分析问题才是关键，如何有效地进行推理、形成结构性解释才是关键。在这个关键步骤完成之后，就有一个文本呈现的问题。

一、写长篇评论应把文章模块化

例如，写一篇 6000 字的文章，分成各 1500 字的四个模块就比较合适。这样我们就把一个复杂的大任务变成了若干个简单的小任务，整个处理的难度会急剧下降，读者也更容易理解你的思路。

在字数上进行拆解后,接下来我们就要进一步拆解内容了。我给大家介绍四种内容拆解的方式。

(一)递进式拆解

递进式拆解,也就是把论证分解成三四个步骤,例如你要证明 a 是 d,那你依次证明 a 是 b,b 是 c,c 是 d。

例 4-15 某地殡仪馆出了一则通知,规定停止对自带骨灰盒的丧属提供骨灰盒承接和骨灰装填服务。有网友发现,当地殡仪馆 2018 年中标的政府采购骨灰盒单价最高为 6001 元/个,然后分别卖到 12800 元/个和 14800 元/个,毛利率高得惊人。

殡葬行业为什么会这么暴利呢?

面对这个话题,我在评论中先展示了殡葬业的现状,指出:

北青报记者随机选择多地 10 家殡仪馆,调查发现:有 3 家表示,自带骨灰盒的丧属需要自己装填骨灰,其中一家表示,也可以由工作人员帮忙装填但需收费;另有两家表示,如果需要将骨灰寄存在殡仪馆,就必须从殡仪馆买骨灰盒。

然后,我进一步分析了强制或变相强制销售骨灰盒的内在发生逻辑,在评论中写道:

一方面,在现阶段,殡仪馆等丧葬服务还是一门牌照生意,任何单位和个人未经批准,不得擅自兴建殡葬设施;另一方面,政府又对遗体火化等殡仪馆服务实行价格管制。于是，殡仪馆为了榨取行政垄断下"应得的"垄断租金，就会强制或变相强制销售骨灰盒，或将火化等基本服务与其他选择性服务一起捆绑收费。

在分析了这一现象发生的内在逻辑后，我进一步指出了要改善这一现象的措施，认为：

治本之道，不在于责令殡仪馆取消各种强制销售与捆绑销售，而在于降低殡葬行业的准入门槛，大大方方承认这是一门生意。

在自由竞争之下，这个行业只会和其他行业一样，赚取差不多的平均利润率，绝不会出现以"公益"之名赚取垄断租金的怪现象。

这篇评论从现象出发分析原因，再进一步分析措施，就是典型的递进式拆解。

（二）平行式拆解

平行式拆解，也就是可以把论点分解成三四个分论点，这三四个分论点之间是平行关系。

例 4-16 单独二孩政策出台后，在不少大城市遇冷，就这个话题，我写了篇评论，题目是《中国人为什么不爱生孩子了》，我从生育成本上升、孩子的养老功能被削弱和高质量培养孩子的传统三个角度做了分析。

这三个角度，就是平行的分论点。

（三）树杈式拆解

树杈式拆解，也就是我们可以自行组合平行式拆解和递进式拆解，这就会出现四种情况。

第一种是平行式加平行式，在大的平行式拆解下嵌套小的平行式拆解。第二种是平行式加递进式，在大的平行式拆解下嵌套小的递进式拆解。

例 4-17 《中国人为什么不爱生孩子了》，我就用到了这两种拆解方式。

在分析生育成本上升时，我将它进一步拆成两个平行的分论点，一个分论点是从女性的机会成本切入，指出：

生小孩后，女性工作外时间主要得用于照料幼儿，而不是充电提高专业水平，为此妇女不得不放弃相当的收入与职业晋升机会。

另一个分论点是从金钱成本上谈的，用上海的调查数据，估算了养育一个小孩的直接费用。

通过依次论述这两个方面的成本，最后得出结论，女性因小孩放弃工作的成本变高、重质量的养育模式让培养小孩的直接费用变高，"如此情势之下，符合单独二孩政策的家庭只有四分之一愿意再生一个也就不足为怪了。"

这就是在大的平行式拆解下嵌套小的平行式拆解。

而在论述"孩子的养老功能被削弱"时,我又嵌套了小的递进式拆解。

我先说明了在过去,孩子其实带有资本品的特点,父母年轻时付出艰辛养育孩子,等他们老了失去赚钱能力的时候,再由子女来赡养他们。

然后再进一步论述,在现在的养老保险制度下,家庭的考虑就变了,大家会觉得:

既然政府保证我们将来退休后的生活待遇,等我们退休时,别人家的孩子在工作并缴纳社保,养老金能确保退休后的生活无虞,那现在就没有必要含辛茹苦、省吃俭用多生养个孩子。

由此推出结论,生养孩子作为养老投资品的意愿受到了极大的削弱。

所以,一篇评论里,其实可能用到好几种结构,要结合自己的内容,灵活处理。

第三种是递进式加平行式,也就是在大的递进式拆解下嵌套小的平行式拆解。

例 4-18 在评论《充电桩抽样七成不合格,电动汽车何时真成"大趋势"》中,整个结构是递进式的。我先用数据展示了电动汽车的安全隐患,再分析了电动汽车相对于汽油车的劣势,最后推导出结论:

只有电池技术取得重大突破，且电动汽车全生命周期成本低于同档的汽油车，才有望取代汽油车。

这就是从现象到本质，一层一层地论述。

而在分析电动汽车相对汽油车的劣势时，我嵌套了小的平行式拆解，列出了两大劣势：

第一是电池的能量密度只有汽油的几十分之一，所以在续航能力上，远不及汽油车；第二是充电速度太慢，如果遇到急事，电动汽车中途没电，麻烦就大了。

这就是典型的递进式加平行式。

第四种是递进式加递进式，也就是在大的递进式拆解下嵌套小的递进式拆解。相信通过前面几个案例的分析，这种结构很好理解，我就不赘述了。

总的来说，"平行式 + 平行式""平行式 + 递进式""递进式 + 平行式""递进式 + 递进式"这四种情况，就形成了复杂的树杈或嵌套关系，在写评论时，可以灵活运用。

（四）解释模型拆解

解释模型拆解，也就是面对某个公共议题时，我们可以先推理出一个解释模型，再论证为什么这个模型比其他模型更有解释力与预测力，然后探讨这个解释模型更多的其他运用场景。

例 4-19　杭州保姆纵火案后,大家从各种角度对这一事件进行了解读,比如没有门槛的保姆市场、恩将仇报的人性、物业公司的救援不力、小区消防设施存在问题等。一个悲剧的发生,常常是不止一个薄弱环节同时掉链子的结果,于是,我又从正当行为策略这一解释模型出发,做了解读。

我先分析了在发现手镯丢失后,什么才是合适的处理方式。然后借用孔子阐述的正当行为策略进一步论述:

对别人的恶意,你应该"以其所值"回报之。这会抑制恶意,形成了对恶意的负反馈。

最后,我再跳出这个事件,把正当行为策略放到了日常生活中来论述,提道:

如果对方回应以善意,那就进入"以德报德"的规则范畴;如果对方回应以恶意,那就进入"以直报怨"的规则范畴;如果对方只是索取与享受你的善意,没有其他回应,那就应该设定一个止损点,这段关系以你吃点小亏而结束。如果你的善意是没有限度、没有止损点的,那就要有被养出的白眼狼反噬、恩将仇报的心理准备。

这就是典型的解释模型拆解法。

当我们分配好每个模块大概的字数、每个模块的呈现结构,接下来就需要来安排论据的呈现结构了。

二、干货的呈现方式

毕竟一篇评论只有 1500 字左右，如果其中有很多干货或信息增量需要摆放出来，在论据的呈现结构上，就很有讲究了。

在介绍具体的论据呈现结构前，我先讲讲什么是干货或者说是信息增量。大家关注的新闻事件，如果你是第一个报道出来的，那是独家，整篇报道都是干货。如果你是第二个、第三个报道出来的，那你的报道比之前的报道多出的信息，才是干货。

报道要提升干货的密度，有两条路径：一条是赶在同行前头，挖得早；另一条是往多的地方挖、往深的地方挖，比谁挖得多、挖得深。评论也是如此。那么，如何把这些干货用文字按先后次序组织起来？这就需要我们好好利用大脑的功能。

（一）大脑的多巴胺奖赏回路

想必不少人看过网络爽文，它们的套路很类似，通常都是刚开始的时候，主人公的生活或事业获得了小小的成就，随着剧情的发展，中间可以有暂时的挫折，但后面的成就必须是越来越大。

为什么剧情要这么设计呢？或者换句话说，为什么我们对这类剧情会这么"上瘾"呢？

其实,这和我们大脑多巴胺的奖赏回路有关。一种东西满足了新的心理预期,大脑就会分泌多巴胺奖赏我们,让我们产生快感,但同时也会让我们产生更大的欲望。因为边际效用递减,我们的大脑对刺激的阈值会不断提高,同一个东西必须加大剂量,才能产生和过去一样多的快感。这就是网络爽文主人公必须越来越成功的原因。

那这个机制运用到评论写作上,对我们的文本结构安排有什么启示呢?

1. 增加内容的干货密度,提升用户的阅读快感

简单地说,就是在行文时,可说可不说的话就不要说,这样才能增加整篇文章的干货总量与干货密度。但是,这不是让我们用拍电报的风格写文章,也不是让我们写成晦涩难懂的文言文,这样干货总量与干货密度固然是增加了,但要调用的脑力太大,没有几个人喜欢看。

在平衡干货量和可读性方面,有以下几种方法。

第一,尽量用通俗易懂的语言,少用晦涩的术语。如果要用到术语,一定要解释得清清楚楚。

第二,对于非核心的部分尽可能简略,但核心的部分一定要有必要的信息冗余。

"重要的事情说三遍"就是一种对核心信息增加信息冗余的办法,但这种方法比较笨,不适合常用。可以常用的办法是举形象化的例子,以增加直观性,减少读者误解或对你的分析望而生畏的可能性。

例 4-20 国务院全力推动取消烦琐证明，我就找到了组织行为学的解释模型来评论。但让大家在短时间弄明白组织行为学的概念，难度比较大，这时候我就用了举例子的方法，在评论中写道：

你把自己想象成某政府部门的办事人员，如何在办事中避免自己犯错呢？严格按照规定与办事流程来，要求申请人提供完整的材料；为了确保申请人提供的材料是真实的，要求申请人从别的部门打证明，这样风险就转移到申请人与别的部门了……

把读者放到这个情景之下，他就更好理解，在组织行为学之下，取消烦琐证明的难度有多大。这比我们大篇幅地解释组织行为学的概念要管用得多。

2. 在排布论据时，信息要随着文章的推进，越来越抓人

标题或第一段就要抓人，但最核心的部分应该在接近文章结束的时候，再完完整整呈现出来，让读者感受到最大的阅读快感。在这两者之间则有多种排布的可能，越来越深入的干货冲击当然可以，必要的铺垫或悬念也可以，但不要让读者觉得只是文章开头看起来很吸引人，但其实是搞花架子、故弄玄虚，没有什么干货。真没有干货，这篇文章就不要写了。

(二)蔡格尼克效应

蔡格尼克是一位女性心理学家,她在一次去餐厅吃饭时发现,服务员对菜未上齐或尚未埋单的客人记忆特别清晰,但一旦客人埋单走人了,服务员对这些客人的记忆力就急剧下降。

这个效应是说,未解答的问题、未完成的任务、未达成的目标、未满足的欲望,这些会持续占用我们的记忆资源,哪怕我们中间干了许多其他事情,这些事项仍在大脑后台持续工作、占用我们大脑的注意力资源,就像任务未完成的程序在后台持续运行一样。

传统的章回体小说,总在关键的时候,例如主人公突遭不测时,留下一句"欲知后事如何,且听下回分解"。美国前总统特朗普在有重大政策发布之前,常常会在社交网络上有一个预告,也是对这一心理效应的使用。

那蔡格尼克效应,要如何运用到我们的评论结构上来呢?我们可以把这个效应与大脑奖赏回路结合起来使用。例如我们在文章开头的时候提出一个很抓人的问题,或者给出一个很关键、很生动的场景,一下子抓住了读者的注意力,但留下关键的悬念。这个悬念的答案,我们应该留在文章即将结束的时候再揭晓。

例 4-21 《保持对现实世界的触感》中,我在开头就写道:

第四讲 | 把握结构美感，让你的观点深入人心

前不久，在选秀节目《相声有新人》里，一对来自上海交大的材料学博士夫妇，表演了自称比"传统相声"更高级的"公式相声"，此公式是他们用"有限元方法"推导出来的；在被评委郭德纲淘汰后，扬言"我们走着瞧"。

在开头，我就抛出了一个场景，看到这，读者可能会想，敢于和传统相声叫板的公式相声究竟是什么？他们为什么敢对郭德纲、对传统相声出言不逊？吸引读者继续读下去之后，我们就可以顺势告诉读者，什么是公式相声，然后一条条分析博士夫妇的不妥之处在哪里。

不过这个方法不能用来故弄玄虚，而应建立在真有干货的前提下，否则，次数多了，信用就会被透支。

术是为道服务的，而不是反过来。你的评论真有干货，在大脑中形成结构是第一位的，文本结构应该是在此基础上的优化与升华。

话说回来，文字本身的意义也不容小觑，把思想从笔头或键盘上流出来、变成文字，有多重意义：一是可以更有效地组织我们的思想，想出来与写出来是不一样的，在写的过程中，一些原来在大脑中模糊的东西可能会变得清晰，也就是说，写本身有助于澄清思考；二是在写的过程中，可能会产生新的思想，让原来的思维上升一个台阶。写与思是相互成就的。

小结：

搭建文本结构有哪些技巧？

第一，要把文章模块化，也就是大概清楚每个模块要用多少字去说明。

第二，要拆解每个模块的呈现方式，分别是递进式、平行式、树杈式和解释模型法。

第三，要考虑干货的呈现方式，可以利用大脑的多巴胺奖赏回路和蔡格尼克效应，增加评论的干货密度，通过悬念等方式抓住用户的注意力。

第五讲
如何做到"言之有文",让人眼前一亮

徐迅雷:《杭州日报》首席评论员、第18届中国新闻奖获得者。他用20年的时间在文字中深耕,成为作家、杂文家和评论家。他创作的新闻时评《大桥坍塌的中美调查之别》曾获第18届中国新闻奖,并被收进高校教材《网络新闻评析》一书。在他的笔下,评论是一种"悦读"享受,随处都能体会到杂文和随笔的美感。

第一节　好的语言有哪些特点

"内容可能众所周知，表达却要空前绝后。"这是英国诗人亚历山大·蒲柏就文本表达说过的话。

同样，好的观点需要好的表达，这样才能够吸引人，让人看了眼睛一亮、精神一振、会心一笑。

我经常说："文章文章，有文才成章。"可见"文"，也就是语言、文采的重要。新闻评论、观点表达也一样，不仅要自由地表达，而且要优美地表达。毕竟"言之无文，行而不远"，没有愉悦的阅读，人家就不会看你的东西。

可能有人会觉得，好语言是要靠天赋的，但其实除了天赋之外，也可以通过后天学习，掌握写好语言的技巧。

一、好的评论语言有哪些特点

语言的表达是有奥秘的。同一个意思,好的表达和差的表达相差巨大。

比如:

如果你说:我想和你一起睡觉——你这是耍流氓。
但如果说成:我想和你一起起床——你就是徐志摩。

在鲁迅的《阿Q正传》里,阿Q对吴妈说的是:"我和你困觉,我和你困觉!"这就是阿Q表达的水平。我们的表达不能停留在阿Q的水平上,我们要做徐志摩。

怎么成为"徐志摩"呢?

(一)培养良好的评论语感

语感,也就是语言的感觉,是对语言最直接的感知、感觉和感悟。比如读古诗古文,你就会进入文言文的语感情景当中。

那什么是好的评论语感呢?语言生动、形象,简明扼要、雅俗共赏,有力度、有纯度、有温度、有鲜度等,这些都属于好的评论语感。如果我们用一个词概括来说,那就是"悦读"——让人感觉到愉悦的阅读,这是好的评论语感的一个基本特征。

例 5-1 台湾《中国时报》资深记者张平宜,曾经来大陆采访,十年上凉山,帮助"麻风村"筹款建小学,她被评为"感动中国"2011年度人物,颁奖词是这样评述她的:

蜀道难,蜀道难,台湾娘子上凉山。跨越海峡,跨越偏见,她抱起麻风村孤单的孩子,把无助的眼神柔化成对世界的希望。她看起来无比坚强,其实她的内心比谁都柔软。

这段总结性的精短评论,用了整齐、押韵的短句子,读起来朗朗上口。在我看来,这就是让人愉悦的评论语言。

那么,要如何使评论有良好的语感呢?

1. 在开篇第一句就找准语感,定好基调和节奏

"万事开头难",开篇第一句找到最适合的语感,万事就不难了。

写评论也是一样,一定要重视开篇第一句,因为开篇语句是定基调、定节奏的,有时甚至比标题还重要。

那要如何快速定好基调和节奏呢?我分享两个常用的小技巧。

第一个小技巧是根据不同新闻事件的情感色彩,来确定基调和节奏。

语言的基调是激昂还是低沉,是明朗欢快还是压抑伤感,是宏伟庄严还是幽默风趣,是需要根据评论的不同内容来确定的。

同样,语言的节奏也是变化的,有快有慢、有舒有缓。

有的像草书行进,是快节奏;有的像雕刻印章,是慢节奏。

例 5-2 巴黎圣母院失火,这是全人类的一大损失,我们写评论当然不能用欢快明朗的语言,而要用沉痛、缓慢的基调和节奏。我在开头就是这样写的:

世界文化遗产,如此多灾多难。公元 2019 年 4 月 15 日,对于巴黎,对于法国,对于全世界来说,都是一个不幸的日子——位于法国首都的巴黎圣母院发生大火,损毁严重,顶部三分之二被焚,哥特式的塔尖在火中倒塌。

第二个小技巧是开头使用整句、偶句。

整句就是排列在一起的一组结构相似的句子。评论巴黎圣母院失火的开头,第一句"世界文化遗产,如此多灾多难",两个分句字数相同,就是整句——整齐的句子。

例 5-3 我写的另一篇评论,题目是《传承的力量》,开头是这样写的:

一敢医,二敢言,师徒三代,薪火相传。

从戴自英,到翁心华,再到张文宏,他们是三代讲真话的医生。

这个开头,用的就是节奏明快的整句。为什么我会这么写呢?

你如果看过张文宏医生网络直播的讲话,就会发现他讲话节奏很快,内容也是通俗易懂,生动形象。所以我想在评论张文宏医生的新闻时,千万不能用论文式的语言,而应该像他说话一样,用简单明了、快节奏的语调和语感。

"一敢医,二敢言,师徒三代",这里出现的"一二三",仿佛就是快步前进的节奏;前两个短句都是三个字,后面"师徒三代,薪火相传"都是四字句,而且三字句和四字句之间是押韵的,读来更朗朗上口。

总之,评论开头的第一句就要定好基调,定准节奏,找到最适合的语感。

2. 使用杂文语感,让表达变得形象

新闻评论属于新闻范畴,杂文属于文学范畴。我写新闻评论,有一个理念就是:"取新闻之素材,写杂文之华章。"就是大胆地在新闻评论中使用杂文语感和杂文笔法。

杂文化的语言就是文学化的语言,简单来说就是有文采的语言。不过要注意,它不是"文艺腔",更不是"学生腔",一般来说,杂文的语言是将幽默、讽刺和文采结合在一起,通过影射、讽喻、双关等修辞手法来论述。

要用好杂文和杂文语感,可以多读读鲁迅的书。鲁迅著名的杂文《小杂感》,它的第一则是:

蜜蜂的刺,一用即丧失了它自己的生命;犬儒的刺,一用则苟延了他自己的生命。他们就是如此不同。

这里"蜜蜂的刺"和"犬儒的刺",形成了鲜明的对比,非常形象地表达了牺牲和苟且偷生的不同。用"蜜蜂的刺"反衬"犬儒的刺",批判了犬儒主义。

例 5-4 2016 年中秋节,受 14 号台风"莫兰蒂"的影响,浙江泰顺县暴雨成灾,3 座古廊桥都被冲毁了;当时教育局一位姓包的科长,在去学校救灾的路上,经过一小段比较泥泞的地方,被两个人搀扶着过去,这一画面传到了网上,立刻引发了舆情次生灾害,这位科长当夜就被火线免职。

评论这个新闻的时候,我开头是这样写的:

干部去救灾,不能被人背;被人背一背,后果很悲催;被人扶一扶,可能丢职务。

这个表达很像顺口溜,读来朗朗上口,有着杂文味,在轻松中带讽刺,让人看了会心一笑。

(二)使用随笔语感,让阅读变成一种喜悦的体验

随笔是一种夹叙夹议,也就是叙事和议论兼具的表达方式。如果说杂文的语感更偏重文学化、形象化,以形象思维为主,文风辛辣,那么,随笔的语感则多一些理性的分析,以抽象思维为主,但语言是灵动、惬意的,表达也是通俗明白的。

现在许多学术论文都写成了学术随笔,新闻评论写作也可以向随笔学习。

例 5-5 经济学家张维迎的评论名篇,题目是《无知与无耻》,运用的就是随笔语感,不仅思想深刻,而且文本一流。下面是文章中的几个片段:

"人祸"之所以产生,有两个基本原因:第一个是我们的无知,第二个是我们的无耻。

只有市场经济才可以避免由于多数人的无知和少数人的无耻相结合导致的人类灾难。

任何一种思想,无论是哲学的还是宗教的,无论创始人多么伟大,无论在创造时多么正确,一旦取得法定垄断地位,就会变成无知的助推器、无耻的保护神,就会滋生更多的无知和无耻,给人类带来灾难。

在这几个片段中,"无知"和"无耻"两个关键词极富穿透力;在论述"思想垄断"的时候,使用了三个"无论"、两个"就会",这是整齐句子构成的句群,有气势,有分量,有力度,把"思想垄断"的严重后果揭示得一清二楚。而"市场经济"和"垄断"则是将经济学概念用于事物的分析,体现了作者的专长。

所以,我们在新闻评论中,尤其是在新媒体评论中,可以大胆地运用随笔语感。

无论是培养杂文语感还是随笔语感,最简单的方法就是去读杂文和随笔的精选本。精选精读,是一条捷径,看到表达形象、语感一流的好语言,要积累起来,供学习、模仿、借鉴和引用。

总之，评论写作的语言表达并没有特别限制，可以博采众长，多了解不同的语感和文风，不断培养良好的评论语感。

二、好的评论语言的基本特征

好的评论语言表达，有三大基本特征，那就是"整句""短句"和"短段"，说起来简单，却最容易被忽视。

讲究技巧，用好语言，我的经验就是三句话：多用整句，少用散句；多用短句，少用长句；多用短段，少用长段。

（一）多用整句，少用散句，让语言呈现"整齐美"

整句，就是排列在一起的一对或一组结构相同或相似的句子，主要用来表达丰富的内涵和充沛的感情，比如对偶句、排比句、反复句都属于整句。

整句最能体现汉语的整齐之美。在评论中，完全可以"多多用整句，篇篇有整句"。因为评论很需要强调语义、加强语势，表达丰沛的内容，而整句整齐的形式和朗朗上口的节奏，最能够承担和完成这样的任务。只要组织到位，整句就拥有非一般的表达力，就能让读者眼睛一亮，留下深刻的印象。

比如"理想很丰满，现实很骨感""有关系就没关系，没关系就有关系"，这些整句，表达力就很强。

例 5-6 在我写的评论《历史和现实交汇的独特韵味》中,就有这样一个片段:

东方是世界文明的起源地之一。天地玄黄,宇宙洪荒,东方物所始生,中华文明传承至今未有中断。当公众对黄河文明耳熟能详之际,长江文明的璀璨星空被时光一次次发现。地处长江流域下游的杭州,面向大海,蔚蓝拍岸,文明的惊涛卷起千堆雪。

这里的视角镜头由远而近,穿插了两个比较整齐的四字句:"天地玄黄,宇宙洪荒""面向大海,蔚蓝拍岸",这样语言的节奏感就会强。

(二)多用短句,少用长句,让语言变得节奏明快

著名的燕京大学校训,就是短句的范例:

因真理,得自由,以服务。

3句话,9个字,内涵丰富,你啰里啰唆写90个字,不如这9个字。

特别是在表达观点的时候,许多人容易写长句子,写得像学术论文,读者读起来会很累。其实,几乎任何长句都可以改写成短句,改成短句后,语言表达会变得明快。

长句改短句的基本方法,就是善用标点符号中的"点号"。标点分为标号和点号:标号表明语词的性质,比如引号、书名

号;点号标示语气和停顿,比如顿号、逗号、分号、句号和感叹号。一般情况下,如果 Word 文档超过 1 行没出现点号的话,请加点号,尤其是逗号。

例 5-7　毛泽东著名的政论文《别了,司徒雷登》就是加了"点号",把长句改成了短句。

原始版本的开头是这样的:

美国的白皮书选择在司徒雷登业已离开南京快到华盛顿但是尚未到达的日子——八月五日发表,是可以理解的,因为他是美国侵略政策彻底失败的象征。

而现在常见的版本,加了一个逗号、两个顿号,这样改为短句,读起来轻松很多:

美国的白皮书,选择在司徒雷登业已离开南京、快到华盛顿、但是尚未到达的日子——八月五日发表,是可以理解的,因为他是美国侵略政策彻底失败的象征。

读原始版本,读起来很吃力,得憋着一口气才能读完,无形中增添了阅读负担。而现在常见的版本,就是在句子中加了几个点号,降低了阅读难度。

把句子裁短了,表达的节奏加快了,意思也更明白了。当然,写短句子的时候,不能为了求短而求短,结果把句子裁得支离破碎,弄得上气不接下气,那也不对。

长句改短句的另一种方法,是善用四字词语和四字句式。

四字句,也被称为《诗经》句式,它短促有力,美妙非常。如"至暗时刻""无问西东""静坐听雨"等四字词语,就极富表现力。

这次抗疫过程中,医生和小孩相互鞠躬的照片,刷爆网络。其实,在100多年前,一位来自英国的医生梅滕更,在杭州创立了广济医院,他和一位小病友的相互鞠躬照,也非常感人。

例5-8 我写过一篇万字长文,题目是《梅滕更:从鞠躬到尽瘁》,开头就用了较多的四字句,我是这样写的:

感人的照片,留给人的记忆是长远的。在一张百年老照片上,在遥远的黑白画面里,两个人——一老一少、一大一小、一高一低、一洋一中、一医一患,他们双手合一,相互鞠躬行礼。小伢儿四五岁的样子,穿着长衫;大老外年过半百,戴着礼帽。

这里的"一老一少、一大一小、一高一低、一洋一中、一医一患",我最初按习惯写成了"他们两个人,一个是老人,一个是小孩;一个形体大,一个形体小;一个个子高,一个个头低;一个是老外,一个是中国人;一个是医生,一个是小患者",很快我就发现这样的语言很啰唆,于是立马改成了现在的四字句,语言干净了很多。

（三）多用短段，少用长段，避免阅读的疲劳感

新媒体时代，推文的段落都切得比较短。网络用户，阅读习惯就是简捷明快；短的段落，可以优化用户阅读体验。

具体要怎么做呢？

这里分享一个小技巧，那就是当 Word 文档超过 10 行还没有分段，那恐怕就太长了，你就要考虑分段。我在写作时，通常把每段文字的字数控制在 200 字以内。

当然，句子短、句子凝练，也会让段落变短，两者相辅相成。

例 5-9　新闻评论史上的名篇——杜重远的《要面子不要脸》，这篇评论全文加上标点 968 个字，分成 8 段，平均每段 121 个字，全篇看上去很匀称。最短的一段是开头一段，连标点只有 40 个字，可以说是惜墨如金；最长的第二段，也只有 196 个字。我们来看一下这两段的原文：

仿佛是南开大学校长张伯苓先生说的话："中国人要面子不要脸"，这句话是万分真确的。

原来面子和脸是完全不同的两件东西。中国旧戏里有一套脸谱，这花花绿绿的脸谱就是"面子"，而真正的脸却反不能辨认清楚了。做戏子的只要上台的时候，脸谱弹得像个样子，至于真正的脸，长得好看不好看，那是不相干的。其实中国人一切都如此：只要保全面子，丢脸却全不在乎。阿 Q 就是一个代表。所以挨人打不要紧，但在背后却要说一句"儿子打老子"，这样虽丢了脸，面子却是有了。所以要面子不要

脸是中国人一般的人生哲学。

这里的阐述很形象、很简明，也很深刻。

段落变短，意味着段落增多；段落增多，意味着突出的内容增多，尤其为了突出某个观点、某个内容，可以放到段落的第一句，比如这里第二段的第一句："原来面子和脸是完全不同的两件东西"，就是把核心观点放到了段首。

杜重远这篇《要面子不要脸》，后面用短小精悍的段落，层层推进内容，分别从学生、教授、工商界、军人、政客等多个角度，论述了"要面子不要脸"的现象，最后一段是总结，说"总之，要面子不要脸这六字，包括尽了中国人的劣根性"。

所以说，表达更丰富的内容、突出更多的论点和分论点，把段落切分得细一点，是一个好方法。

小结：

如何培养良好的评论语感？

第一，开头使用整句和偶句，找准行文的语感，确定全文的基调。

第二，学习杂文和随笔的语感，博采众长。

好的评论语言有哪些基本特征？

第一，多用整句，少用散句。

第二，多用短句，少用长句。

第三，多用短段，少用长段。

第二节　怎样学习和锤炼评论语言

一、如何避免常见的评论表达误区

标题党、大话空话、缺乏语言常识，都是常见的评论表达误区。

差的语言表达，四平八稳无个性，平淡乏味缺文采。有的新闻和评论写作，甚至连基本的语言关都没过。

那么，要如何避免常见的评论表达误区呢？

（一）重视标题，不做"标题党"

标题是评论的观点、眼睛和旗帜，重要性不言而喻。特别是网络新闻和评论的标题，需要满足受众心理需求，是多级阅读的起点。

但是有些新媒体的表达能力和水平不够，就拿"标题党"来凑。新闻应该是为公共服务的；而"标题党"只想着吸引眼球、增加点击量，是在为自己服务，而不是为公共利益服务。

例5-10　在抗击疫情中，很典型的一个评论"标题党"是：

众志成城，"疫"无反顾

这里是拿"疫情"的"疫"来替代"义气"的"义"，但是这两个字语义完全对立，怎么能替代呢？"疫"无反顾，这不是说疫情厉害、病毒勇敢了吗？这种使用同音字胡乱改造成语的错误做法，也让网友一片哗然。

再看这个评论的标题：

作家某某让作家群体蒙羞

这里拿"蒙羞"这样的词来说事，你一眼看去以为是批评这位作家的，让大家"蒙羞"了呀，但点进去才知道其实是褒扬的，批评其他作家很"丢脸"。

2016年6月13日，某微信公众号发布一条消息，标题是：

杭州两女一男赤身裸体站在巷子口！

被请到派出所后，所有人都乐了！

这是咋回事呢？怎么杭州有两女一男赤身裸体站在巷子口？其实这是"标题党"干的好事。第二天《钱江晚报》头版的标题，说的是同一个事情，但写得就实在很多，《钱江晚报》是这样写的：

这是我们见过最萌的"离家出走案"

穿过防盗门，走过露台，下六楼，一路走到弄堂口

加起来才4岁的三姐弟

组团去远方

你看，明明是孩子天真的行为，某些公众号却为了点击量，用了引起人误会的低俗表达，这就会让新闻掉价，把评论的节奏带偏。

好的标题，是一种加持，一种赋能。我在取评论标题的时候，会追求七个基本原则，分别是准确、明确、形象、创新、深刻、共情和个性，比如，殷海光所写的社论《赶快收拾人心》就是一个经典范例。总之，写评论要重视标题，但不能做标题党，我们应该宁实不虚，不哗众取宠；要在真实准确的基础上，做到生动形象吸引人。

（二）尊重语言常识，避免文字差错

评论写作从业者要有基本的语言常识，尽力避免文字差错，笔误也要尽量减少，否则读者对文章的观感很差，评卷老师的"印象分"也会很低。

我先问一个常常使用的词语——"干吗"和"干嘛"，前面的"吗"字是口字旁加"千里马"的"马"，后面的"嘛"字是口字旁加"麻木"的"麻"。你是用前面这个"干吗"还是用后面这个"干嘛"？

现在好多人都很麻木地用后面这个"干嘛"，错了啊！你去查《现代汉语词典》，就会看到，只有前面那个"干吗"，没有后面这个"干嘛"。在写作表达中，遇到有疑问的词语时，大家一定要多查查字典、弄弄明白，通常在网络上查证就可以。你也可以关注《咬文嚼字》杂志或微信公众号，能够从中学习如何明辨文字的是非。

所以，"差的表达"一定要避免。

我们要如何避免呢？

关键就在几点：词语不能用错，标点不能用错，语法不能搞错，语言灵活运用时不能弄巧成拙，特别要注意避免似是而非。这些都是语言文字的基础修炼。

有时候你似是而非用错了，就像吃错药，结果自己还不知道。

例 5-11 有一篇社评，标题是《默克尔对华外交可供欧洲殷鉴》，这里的"殷鉴"就是一个用错了的似是而非的词语，因为"殷鉴"的意思是失败之鉴，默克尔对华外交是做得好，不是失败之鉴；而且"殷鉴"是个名词不是动词，这里应该使用动词"借鉴"。

还有一种情况，表达谈不上差，也谈不上好，就是没特色、不突出，语言表达太过平淡。文似看山不喜平，平淡的语言，会降低文本的价值。

例 5-12 1998 年 12 月 2 日，《中国青年报·冰点时评》刊发评论《国旗为谁而降》，这是评论中第一次提出国旗要为死难的普通百姓而降，可谓振聋发聩！这是独到的选题，有独到的认知、独到的发现，也有清晰的结构，但不足之处也比较明显。我们来看其中这一段：

事实上，国旗不仅是国家主权和民族尊严的象征，也是民族精神和民族凝聚力的体现。而下半旗正是一种由中央政府以全体国民的名义举行的哀悼仪式。它不但能给予死难者的亲人以莫大的精神慰藉，再次体现抗洪斗争中全民族的强大凝聚力，而且更有助于增强每个公民的国家观念和爱国情感，使人真切地感受到自己是祖国大家庭的一员，从而激发为国奋斗的热情。

这样的语言表达不会给人深刻的印象，这是一个遗憾。

二、锤炼语言的路径

语言需要天赋，语言也可学习。那么，要想锤炼评论语言，我们有哪些学习的路径和技巧呢？

（一）借鉴网络表述方式，把评论语言写生动

网络好语言，有着广泛的传播力，在当今新媒体时代，学习借鉴网络好语言，这就对了。

1. 关注网络流行语，写出有网感的语言

在每年评选的"十大流行语"中，网络词语占了很大部分。

例 5-13 在 2018 年的"十大流行语"中，有一半是网络流行语；评选结果出来之后，我写了一个评论，最后一段把十个流行语串在了一起：

无论你是否获得"锦鲤"，大家都是一条船上的"命运共同体"，有"店小二"为你提供"教科书式"的服务，而

且那是经过"官宣""确认过眼神"的,那么你成为"佛系"也无妨,可以让"巨婴""杠精"主动"退群",而始终在线的你,就为越来越多、越来越丰富的网络语言文化点赞吧!

网络语词,尤其是流行语,具有很好的概括性和表达力。有许多社会文化现象,你半天说不清,一个网络语词就解决了,最典型的比如这里的"佛系",很巧妙地概括了不悲不喜、内心平静、无欲无求、云淡风轻的一种生存态度。包括早期的一些网络语词,到现在还有穿透力,比如"范跑跑""楼倒倒",比如网络词语"又双叒叕"(yòu shuāng ruò zhuó)。另外还有"羡慕嫉妒恨""羡慕嫉妒爱"等,也是有穿透力的网络词语。

所以,我们要想写出有网感的语言,就要多关注并使用网络流行语。

2. 不断学习、思考、积累,刷新写作的语言材料库

网络语言在不断地刷新,我们的写作材料库也要不断地刷新。所以,在网络上看到好的语言,不要放过,而是要把它拷贝进自己的写作材料库——我每天花很多时间进行学习、思考、积累,很重要的就是建立材料库;建材料库的时候,我会给每一条材料标注关键词,这样通过关键词搜索可以迅速找到它。

我们要通过不断的阅读和积累,去刷新、丰富自己的语言材料库。

3. 学习借鉴网络语言的整合能力，但评论文章不能出现粗俗语言

要提升网络语言整合能力，可以试着去把三种和三种以上的相同、相似的内容，用同样的句型整合在一起，那样表达效果就出来了。

好的表达，确实能留给人深刻的印象。但是要注意，我们要的是"好段子"，而不是"黄段子"。评论文章不能出现粗俗语言，比如有个网络词语"逼格"，大家很熟悉，你不要使用它，否则就很"降格"。

（二）向民间语言学习，让表达更接地气

民间好语言，是生活化的、接地气的。要想让我们的评论语言生动鲜活起来，那一定得向民间语言学习。

1. 学习民间语言的聪敏睿智

其实我们写作者大多来自民间，可是一写评论，就忘了活生生的生活，自己的姿态就"端"了起来。那我们为什么一写东西就是高高在上的样子呢？

2. 学习民间语言的口语化

我们写评论，是要用民间的生动语言，还是要用官方拗口的语言？是要用民间的口语化表达，还是紧紧抱住书面语言、论文语感不放？在我看来，我们要找到两者间的黄金分割点，宁可口语化，也不要论文化。大家看一下《人民日报》

官方微博#你好,明天#话题里的评论,会发现它的语言大多是平实、接地气的。

(三)向大师、高手学习,掌握良好的表达技巧

过去的大师、曾经的高手,创造了许多经典的评论文本,有着高超的表达技巧,值得我们好好学习。

例5-14 马克思经典名篇《评普鲁士最近的书报检查令》,文中这样写道:

……你们赞美大自然令人赏心悦目的千姿百态和无穷无尽的丰富宝藏,你们并不要求玫瑰花散发出和紫罗兰一样的芳香,但你们为什么却要求世界上最丰富的东西——精神只能有一种存在形式呢?

……每一滴露水在太阳的照耀下都闪现着无穷无尽的色彩。但是精神的太阳,无论它照耀着多少个体,无论它照耀什么事物,却只准产生一种色彩,就是官方的色彩!精神的最主要形式是欢乐、光明,但你们却要使阴暗成为精神的唯一合适的表现……

所谓经典,就是能够引起后代共鸣的不朽篇章。《评普鲁士最近的书报检查令》就是经典评论中的经典,表达的技巧就是用"形象的比喻"和"激情的语言"来揭示真理。"玫瑰花""紫罗兰""露水""太阳",构成了诗一样的意象。这样的评论,经

过时间的沉淀、历史的考验，现在读来仍然直达心底。

在政界，有语言大师；在文化界，也有众多表达高手。他们有天赋有文采，我们称之为"大家""高手"。我们要通过认真地学习高手们的技巧，加以实践的锤炼，才能写得出类似的评论好语言。

小结：

如何避免常见的评论表达误区？

第一，重视标题，不做"标题党"。

第二，尊重语言常识，避免文字差错。

锤炼语言的途径有哪些？

第一，借鉴网络表达方式，把评论语言写生动。

第二，向民间语言学习，让表达更接地气。

第三，向大师、高手学习，掌握良好的表达技巧。

第三节　如何优化评论的语言表达

一、怎样写出准确又深刻的评论语言

评论语言，基本要求是"准确"，更高要求就是"深刻"。

首先,叙述要准确;其次,议论既要准确,又要深刻。要写出准确又深刻的评论语言,基本要求是"三个尊重":尊重事实,尊重常识,尊重逻辑。这也是三个最基本的方法,我们结合具体的例子来讲。

(一)尊重事实,写出准确的评论语言

任何评论都离不开对事实的介绍,论据就是事实;深刻的观点,是建立在真实准确的事实论据之上的。

事实需要叙述,所以叙述能力是评论写作的基础能力。其实,新闻评论文章当中,有不少叙述,并不是每一篇从头到尾都是评论的语言。当然,新闻评论当中的叙述,要求"无话则短",有话也不能长。叙述的要求,就是简明和准确。而准确的前提,就是尊重事实。

例 5-15 我写的评论《大桥坍塌中美调查之别》获得第 18 届中国新闻奖,这篇评论的写作方法,就是"以事实说话",进行"夹叙夹议"。

新闻发生在 2007 年,当时,广东佛山九江大桥发生塌桥事件,美国密西西比河上一座桥梁也发生坍塌,如何研究调查大桥垮塌的原因,中美两国的做法形成鲜明的对比。

我在文章开头,是这样写的:

中国塌桥,美国也塌桥;中国要调查原因,美国也调查原因;中国用的是火箭速度,美国用的是蜗牛速度。所以,中国想要"胜过"美国,看来是轻而易举的。

开头的叙述,就是一种对比式叙述。接着,我在评论中简明地叙述清楚:美国要动用各种高科技设备,研究大桥垮塌的原因,进行事故鉴定,准备要用18个月的时间;而中国的专家,到大桥垮塌的现场,用肉眼看一看,第二天就发布"鉴定"结果了。但评论不只是简单停留在对比分析上,而是要进一步夹叙夹议,于是我还从制度环境、法律和文化三个层面推进,分析了出现这一现象的原因。

教材《网络新闻评析》一书点评说:"通篇表述生动有趣,说理深入浅出,读来丝毫不觉枯燥,很有吸引力。"这里所褒扬的"表述生动有趣"我不敢当,但表述真实准确是能做到了的。

"夹叙夹议"是基本的,也是常用的写作方法,我们要掌握好,努力做到准确和简明。

(二)尊重常识,锤炼深刻的评论语言

评论离不开常识,也离不开胆识。评论的语言无论有多么深刻,都是建立在尊重常识的基础之上的。

例 5-16 我写的评论《文化严厉主义》,是首届全国杂文大赛获奖作品,这篇文章是批评文化制度环境不宽容的,我"发明"了一个重要的语词——"文化严厉主义",最后的

结尾是这样写的:

  文化无宽容,个性被泯灭。个性被泯灭,大家都整齐划一,都一个模子里出来。当今中国的教育,已经把孩子们弄成一个模子出来的;当下中国的文化,也想把成年人弄成一个模子出来的。

  文化无宽容,则文化无繁荣。文化严厉主义,是戕害文化、湮没文才的首恶。

  这里的常识判断是文化因自由创造而繁荣;如果文化不宽容,那么文化就不会繁荣。

在常识之上,评论写作还要有胆识,也就是要突破庸常的场域、打破沉默的惯习。

(三)尊重逻辑,写好周全的评论语言

  评论表达,一定要尊重逻辑,进行逻辑判断、逻辑言说。逻辑涉及概念、判断、推理,我们要清晰地区分"逻辑"和"神逻辑"、区分"逻辑"和"强盗逻辑"、区分"逻辑"和"中国式逻辑"。你写驳论文,就很需要抓住对方的逻辑漏洞展开阐述。如果我们的判断和表达不符合逻辑,就很容易闹出笑话。

  下面我们来看一个反面的典例。

例 5-17 有一篇似是而非的评论，题目是《千字问鼎诺贝尔》。

从逻辑中的概念看，标题里的"诺贝尔"也就是诺贝尔奖，是一个不明确的概念，因为诺贝尔奖有诺贝尔化学奖、诺贝尔文学奖等，所以标题就很不明确。

同样，这篇评论在主题和表达上，逻辑也很混乱。我们看到文章标题的时候，以为是要讲诺贝尔奖相关的内容，的确，文中也用到了诺贝尔奖的案例，但文章的主题却是"文章是短的好"，然后举了一系列文章、文字精短的例子，逻辑上完全混为一谈。

另外，文章中的一些比喻也不伦不类。比如他说"精彩的短文章，包括报告、讲话，会给人留下极深的印象，其效果，如同钱学森一个人，就可以顶它五个陆军师"。你说，"钱学森一个人就可以顶五个陆军师"，这和文章长短有关系吗？

这个评论，是缺乏严密逻辑思维而导致的似是而非。我们知道，在写作上，唯有表达同一个内容、传递同样的信息量，精短比冗长好。如果按照这篇文章的理论，那么，这世界长篇小说不能有，中篇小说不能有，短篇小说也不能有，只剩小小说为好。

所以说，准确的事实、清晰的概念、自洽的逻辑，是写好周全的评论语言的前提条件。表达一定要做到"逻辑自洽"。否则，你既不符合事实，也违背基本常识，更没有内在逻辑，就完全经不起推敲。

以上讲的是怎样写出准确而又深刻的评论语言，关键就是做到"三尊重"：尊重事实、尊重常识、尊重逻辑。

二、怎样引用和引申他人的精彩表达

我写评论千字文，经常会用到"五段论"的结构，"五段论"的五个关键词，分别是"叙、阐、引、议、结"：

叙，就是简明叙述新闻事实；

阐，就是阐明自己的看法、观点；

引，就是引用引申，提升高度、挖掘深度；

议，就是结合正反典例，进行夹叙夹议；

结，就是结尾，提出解决问题的办法。

这是非常好用的结构方式，整个结构也符合人们的思维习惯。你注意到没有，正中间的关键词是"引"，引用的"引"，就是在引用的基础上再引申开去，也就是站在前人的肩膀上，再跳一跳，让自己站得更高、看得更远。

引用和引申他人的精彩表达，或者也可以说是"运用"高手们表达过的精彩观点内容，这是新闻评论写作的一个基本方法。当然，如果你不是评论的初入门者，而是一流的高手，那么应该是你写出来的精彩的内容，常常被他人引用。

在这里，就如何引用、引申得好，我说三个基本方法。

（一）引用金句警句，使"精警"成为评论的"文眼"

我们知道，金句警句能够成为评论的"文眼"；有时候全篇评论都忘了，但是其中一个金句能够让人记住。金句警句中最顶尖的，我们称之为"精警"之句，就是用简练而出奇的语句，来表达确切而深刻的含义，它是最值得引用的，可以为评论文章添彩。

精警的评论句子，"看似寻常最奇崛，成如容易却艰辛"。它需要我们悉心去体会，用心去积累，精心去使用。书、刊、报、网、端、微、广播、电影、电视等，都是收集警句的渠道，好的、新鲜的、有用的警句，都请及时添加到自己的写作材料库当中。

（二）避免引用受众太熟悉的内容，更要避免错误的引用

引用分为明引和暗引，明引就是直接引用某某某说的，用引号标示出来；暗引也可以称为意引，侧重引用主要意思。

在明引的时候，我们要避免引用受众太熟悉的话。人人都知道的话，你引用它反而会让表达的水准降低。

例 5-18 我在《杭州日报》做评论部主任的时候，曾经修改了一篇评论文章，原文引用了"路漫漫其修远兮"，我就把这句删掉了，因为这个名句对公众来说太熟悉了，再用它毫无意义；随后，我替换成了英国哲学家阿瑟·赫尔普斯的话："推动世界这部水车运转的水浪，发源于人迹罕至的地

方。"水的源头,在人迹罕至的地方,经过漫漫长途,最终变成水浪,能够推动世界的水车运转。你看,这样表达就精彩了很多。

总之,人家用滥了的,你就不要再用了。你读了一本专业的著作,而这本著作一般人不太熟悉,你引用其中的关键意思,就能体现出你的阅读视野。

然而,比引用受众太熟悉的内容更糟糕的是错误的引用。

例 5-19 2019 年 3 月,某官方微信发布平台,发送的推文一开头就引用了大汉奸汪精卫的诗:

慷慨歌燕市,

从容作楚囚。

引刀成一快,

不负少年头。

这首诗是汪精卫 1910 年刺杀摄政王载沣失败,入狱后写下的,怎么能引用呢?

当你对引用的内容没把握时,一定要先去查证。

(三)站在前人的肩膀上务必跳一跳,引用之后再引申

引用是站在前人的肩膀上,但仅仅停留于引用是不够的,引用之后需要引申,要进一步加以阐述,也就是站在前人的

第五讲 | 如何做到"言之有文",让人眼前一亮

肩膀上我们还要跳一跳。

例 5-20 2014 年 4 月 11 日,《参考消息》刊登的长篇访谈《制度·战略·信仰·国运——刘亚洲空军上将谈甲午战争》。当时的国防大学政委刘亚洲空军上将,接受访谈,就甲午战争谈了自己的看法,内容富有家国情怀。刘亚洲回答的开头部分,是很精彩的评论,阐述的观点是"甲午之败是国家之败",开头先表达了观点:

甲午之败并非海军之败,也非陆军之败,而是国家之败。

甲午战争日本的胜利是制度的胜利。大清帝国的失败是制度的失败。

鸦片战争一声炮响,唤醒了清朝的同时也唤醒了日本。中日两国同时走上了"改革开放"的道路。但两个国家学习西洋文明,一个从内心革新变化,另一个则止于外形。一个把外来的东西当饭吃,一个把外来的东西当衣穿。当饭吃的消化了,强身健体;当衣服穿的只撑起了一个模样。

这是典型的对比分析。然后很重要的引用出现了,刘亚洲引用了日本启蒙思想家福泽谕吉的名言:

福泽谕吉说,"一个民族要崛起,要改变三个方面:第一是人心的改变;第二是政治制度的改变;第三是器物的改变。这个顺序绝不能颠倒。如果颠倒,表面上看是走捷径,其实是走不通的"。

福泽谕吉的"精警"名句,揭示的真理是:人心首先要思

变,这是变革的动力,接着要进行政治制度的变革,然后才是器物经济的改变;也就是说,政治制度的变革必须走在经济制度变革之前。

但精彩的表达,仅仅有引用还不够,还需要再引申开来,进一步阐述,而刘亚洲在引用之后,是这样进行引申和分析的,他写道:

日本就是按照福泽谕吉这个顺序走的,而清朝则反着走。结果一个成功了,一个失败了。

中国古代文明太灿烂了,反而成了我们的包袱。日本从来不是领导世界历史文明潮流的强国,因为它缺乏文明的原创力,这反而使它在全面西化时能够轻装上阵……

这就是很深刻的引申、议论。是学本质,还是学表面?是真改革,还是假改革?那个时候的日本和大清王朝,就树立了正反两个方面的典型。

刘亚洲的深入剖析,可以启迪我们,引用的金句警句就像"导火索",作为"炸药包"的引申部分需要我们自己去创造。而引申的关键,就是在知道"是什么"的基础上,分析"为什么",然后提出"怎么办",尽量把解决问题的办法说清楚。刘亚洲这个"引申"分析很到位,是学习引申的典型例子。

三、如何运用修辞手法让人眼前一亮

修辞,是优化评论语言的"炼金术""金钥匙",更是美化语言、优化表达方法的集合，几乎所有好的语言，都可以找到对应的修辞方法。

汉语言的修辞方法，也就是修辞格，有两百多种。但是，"家常饭最养人"，我们把最常见、最常用的用好，评论的语言就会不一般。下面，我也给大家介绍三种常用的修辞手法。

（一）巧用对偶、对比、排比等，呈现评论语言的整齐之美

我们汉字中，笔画最简单的有两个字，一个是一横，一个是一竖；一横是"一"字，那么，请问一竖是什么字，你知道吗？

一竖"丨"这个字，读音是"gǔn"，意思是"上下贯通"。于是我就编了两句话：

> 只知其一，不知其二；
> 只知其二，不知其丨。

这两句话放在一起，是一种整齐的对偶句。如果只说"只知其一，不知其二"，那就太平凡，加上"只知其二，不知其丨"，构成这样的对偶和进一步的对比，表达能力就不一般了。

作为常用的修辞手法，对偶、对比、排比构成的是整句，充分体现了汉语言的整齐之美。而排比的句式，能让评论更有气势，说理也更充分。

（二）巧用比喻、设问、反问、仿词、仿句、仿篇等，呈现评论语言的鲜活之美

能不能远比近喻，是一个人有没有文学表达天赋的重要特征。比喻既简单，又复杂，细分有明喻、暗喻、借喻、引喻、博喻、倒喻、反喻、缩喻、扩喻、较喻、回喻、互喻、曲喻等。

例 5-21 新冠肺炎疫情期间，"网红"医生张文宏，有许多发言都用生动通俗的比喻来说事，他曾这样说："如果从武功上来讲，我们属于'少林派'，干净有力，社区管控强大无比。新加坡属于'武当派'，你表面上看不出来，好像非常佛系，但它内部其实非常厉害。"

"少林派"和"武当派"两个喻体，生动而通俗地说清了疫情防控不同的风格。

张文宏的讲话为什么大受欢迎？除实话实说、没有空话套话、专业性强外，和他鲜活生动的语言表达风格密切相关。

例 5-22 著名作家阎连科，在文章《经此疫劫，让我们成为有记性的人》中，就有两个形象的比喻，让人难忘：

没有记性的人，从本质上说，就是田野、路道上的土，皮鞋愿意把我们踩成啥样儿，由那只皮鞋的牙痕说了算。

没有记忆的人，从本质上说，就是和过去生命割断的木头和板材，它们的未来是什么物形和东西，由锯子和斧头说了算。

田野、皮鞋、木头、锯子，很通俗的意象，组合在比喻句里，就有了非凡的表达力。

设问、反问这样的修辞手法，在评论中也是常用常见的，它能够引出话题，增强语气。

例 5-23 著名作家沙叶新的评论名篇《1958 年的中国麻雀》，是说 1958 年全民"打麻雀"这个荒唐事的，其中有这样的话：

这一年的 12 月 13 日，光这一天，仅上海一个地区，用最原始的武器就消灭了近二十万只麻雀！全国知多少？不止八百万只吧？人民战争威力如何？嗯？

这里结尾连续 4 个反问，问得十分精彩，尤其是最后那一声："嗯？"

学习好语言，往往是从模仿开始的。我们可以仿词，也可以仿句，还可以仿篇。比如张文宏医生曾说："防火防盗防同事。"

（三）巧用衬跌、卖萌等新老修辞方法，让评论语言更适合新媒体传播

还有一些修辞手法不是太常用，但用得好很妙，比如"衬跌"。衬跌是一种有趣的语言修辞，是在不断有规律的列举之后，突然转向的一种语句结构方式，像是一级一级爬台阶，突然转身掉了下来。

例 5-24 台风：12 级；大风：8 级；和风：4 级；轻风：2 级；耳边风：0 级。

我们的干部如果没有本事，像渤海二号的船长一样，那么，今后的问题就不仅仅是出在渤海，也可能出在黄海，出在东海，出在南海，也可能出上海。

孔子不说，孟子不说，庄子不说，老子到处说！

第一句中的"耳边风"、第二句中的"上海"、第三句中的"老子"，都是突然转折过来的，这就是生动形象的"衬跌"修辞方法。如今新媒体的评论表达，时不时会用到"衬跌"的修辞方法。

语言是有严格规范的，但语言又是可灵活运用的；语言是约定俗成的，但语言又是发展变化的。有一些网络新修辞，就是语言发展变化的结果，比如"卖萌"，我认为就是一种新的修辞格。

例 5-25 2012 年 12 月 21 日，就所谓的"世界末日"，联合国新浪官微发布了这样一条微博：

【严正声明】联合国真心木有发放过任何船票。随时受不了！哼！

联合国新浪官微都可以这样使用网络语言、生动地"卖萌"，那么，我们的评论文章为什么就不能写得生动活泼呢？

这些无非都是用修辞美化语言的例子。总而言之，我们要通过修辞的熟练运用，来掌握语言美的密码，做到"言之有文"，让人眼前一亮、精神一振、会心一笑。

小结：

如何优化评论的表达？

第一，通过尊重事实、尊重常识、尊重逻辑，写出准确又深刻的评论语言。

第二，通过引用和引申，使评论的表达更精彩。

第三，通过运用修辞手法，使评论让人眼前一亮。

第四节　如何写出有共鸣感的文章

一、如何写出有共鸣感的文章

"新闻要有文化含量，记者要有人文情怀。"这是新闻界的老前辈范敬宜先生说过的话。不仅记者要有人文情怀，新闻评论员更需要有悲天悯人的人文情怀。这是评论写作的至高境界。心中有情怀，方能文中见情感。而同理共情、有情感有情怀的语言，才是感人的、美好的语言。

评论不是抒情散文，需不需要表达情感情怀？答案是肯定的。评论不是无情物，评论需要表达丰富的情感。我们所说的情感、感情，是广义的，激情、温情、同情、悲情、愤怒之情，都是评论中可以表达的情感。愤怒出诗人，愤怒也出评论家。

我们不是说评论需要"理性、建设性"吗？现在又让我们表达情感，是不是互相矛盾？其实，"理性、建设性"和情感、情怀的表达并行不悖，两者不是矛盾体，而是一枚硬币的两面。当然，我们需要恰到好处地表达情感情怀，需要避免滥情，因为滥情并非真情真意，并非发自内心，并不能让读者真正感动。

在许多评论特别是高考或申论的作文考试中，多数文章都是"冷漠无情"的情况下，如果你的文章表达了发自内心、真挚感人的情怀，那真会让阅卷老师眼前一亮啊！

那么，如何把情感情怀表达好，写出感人的评论文字？我们来讲三个具体的方法。

（一）选有情怀的新闻，写有情怀的评论

也就是说，新闻和素材千千万万，我们要有意识地选择有情怀的新闻，有情怀的人物和故事，写有情怀的评论文章，这样才能事半功倍。

例5-26 我曾经写过一篇评论，题目是《断翅亦高飞》，收在我的《温柔和激荡》一书中，评论的对象是一位小女子的大情怀。她叫廖智，是位舞蹈老师，2008年在汶川地震中，

她失去了 1 岁的女儿，失去了婆婆，也失去了自己的双腿，后来她还与丈夫离婚了。但她没有放弃，而是从一名舞蹈老师，变成了残疾人舞蹈演员。

2013 年 4 月 20 日，雅安地震发生后的当夜，廖智还跟随团队第一时间奔赴灾区去救灾。当时我所在的杭州《都市快报》，前方记者第一时间对廖智进行了采访，发回了报道，我就配发了评论《断翅亦高飞》，讴歌了廖智的信仰、灵魂与情怀，评论最后部分是这样的：

有信仰的人是美丽的。

因为有信仰的人是有爱心的。

因为有信仰的人是有灵魂的。

因为有信仰的人是有力量的。

廖智就是真正有信仰的人。

廖智"住在爱里面"，廖智曾经"流泪撒种"，廖智必然会"欢呼收割"。

廖智的善良和美好，在 2018 年她的长篇口述实录《汶川十年记》中，再一次完整地呈现，让我立刻想到叙利亚诗人阿多尼斯的名句："我曾遍体鳞伤，但伤口长出的是翅膀！"于是，我写了第二篇评论《断翅再高飞》，评论比较长，再来看结尾部分：

廖智心心念念的，就是鼓舞鼓励受苦受难者，最终能放下苦难，面向未来，坚韧前行。

我曾遍体鳞伤，但伤口长出的是翅膀！

有了翅膀，就要振翅飞翔！

这就是我们的廖智！学习廖智好榜样！

廖智本身美丽而善良，她心中装着其他遭遇苦难和不幸的人；这样的新闻人物，首先就能让读者和评论者感动，是我们所说的"选有情怀的新闻，写有情怀的评论"的典型。

我们写评论要以人为本，关心人，尤其是关心困难群体。而抒写公益，呈现爱心，能够引起共情同理心的新闻，大多是有情怀的新闻。

（二）以"高认知"抵达"大情怀"

认知和情怀两者是紧密相连的，如果认知不到位，那就不可能有真正的情怀。

例5-27 著名学者朱学勤老师的评论名篇《我们需要一场灵魂拷问》，就是以"高认知"抵达"大情怀"的典型，在字里行间都洋溢着对知识分子的关切和追问。我们来看开头第一段：

真正的知识分子都是悲剧命运的承担者。胡风如此，胡风为之执幡护灵的鲁迅也是如此。他们要提前预言一个时代的真理，就必须承受时代落差造成的悲剧命运。从这个意义上说，时代需要悲剧，知识分子更需要悲剧。一个时代没有悲剧，才是真正的悲剧；有了悲剧，知识分子们竟如妇孺般哭成一片，又是对悲剧尊严的辱没。

　　从文章的开头，我们就深切感受到作者认知水平之高，他看到了知识分子的底色和背后的原因，他意识到"真正的知识分子都是悲剧命运的承担者"，因为"他们要提前预言一个时代的真理，就必须承受时代落差造成的悲剧命运"。这种时代落差，就是思想落差，它让我们看到走到前头和落在后头之间的差距，正像网友所说的："多走一步是先进，多走两步是先驱，多走三步是先烈。"你看，短短几句话，就让我们感受到了知识分子的情怀。

　　如果认知水平降维了，那么情感水平一定也会降维。比如疫情期间，张文宏医生说早餐要喝牛奶、吃鸡蛋，不许喝粥，结果受到大规模的攻击。张文宏说的其实是营养学的常识，结果不少人把"粥"提升到民族食品、民族感情的高度来攻击张文宏，张文宏成了被仇恨的对象，这是典型的认知降维导致情感降维。我们在写评论的时候，要尽量避免。

（三）评论员要拥有好的修为

　　高认知的人，骨头硬；有情怀的人，心肠软。作文先做人，所以评论员要拥有好的修为，要做善良的人，要努力从职业境界提升到事业境界，再从事业境界出发，抵达公益境界。

例 5-28　我曾经写过一篇评论《人生从业三境界》，主要谈的是我所理解的人生从业三境界：

第一层是职业境界，第二层是事业境界，第三层是公益境界。

在初级阶段的职业境界，以工作换取报酬，敬业尽责为重，这需要职业精神；

在第二层面的事业境界，报酬多寡已不重要，重要的是实现自我价值，这需要事业理想；

在最高层面的公益境界，是为公共利益服务，致力于实现人类的共同价值，这需要人间情怀。

如果说才华是天赋，那么善良是选择。

二、如何用共情感动读者

共情是人本主义创始人罗杰斯提出的概念，是指能够想象自己置身于对方处境，并体会对方的感受的能力。语言表达中，有共情才能有共鸣，共情和同理心不可或缺。

那么，我们的评论写作，如何用共情来感动读者、引发共鸣呢？我们的方法同样有两种：一是写评论要"目中有人"，尊重人权人道；二是写评论要"心中有人"，尊重人心人性。

这两种基本的方法，本质上就是把"人"置于中心地位，要尊重"人"。共情是人与人之间的共情，不能只见事不见人。

（一）写评论要"目中有人"

情怀与人道是绝佳角度。我们要尊重人，尊重人的权利，要以人道主义精神来看待他人、帮助他人。

相反，如果"目中无人"，在精神与社会中的"他人"是"相安无事"的，那么他的情怀当然也就无由产生，同理共情也就不会存在。下面是一个非常典型的"目中无人"的例子。

例 5-29　2012 年 12 月 14 日，河南信阳光山县发生 23 名小学生在校门口被砍伤的事件，而就在 3 天后的 12 月 17 日，当地教育部门在《信阳日报》头版发表述评《光山：努力办好人民满意的教育》，其中这样说：

> 十七大以来……光山教育事业取得了辉煌成就。全县教育发展环境持续优化、教育发展持续均衡、教学质量持续提高、办学条件持续改善、教育民主持续向好、教育公平持续推进、队伍素质持续提升、系统局面持续稳定，教育已成为全县社会事业的一面旗帜、一扇窗口、一张名片……

整个述评文章，尽管排比句很有气势，但是通篇都没有看到人在哪里，23 名受伤的小学生在哪里。网友一句话跟帖评论，就把你问倒了：你这也"持续"、那也"持续"，请问校园安全"持续"到哪里去了？

所以，要想写出能引发读者共鸣的评论，光有文本上的技巧还不够，还要做到目中有人，尊重人的权利。

（二）写评论要"心中有人"

"心中有人"，就是要尊重人、尊重人心、尊重人性。

例 5-30 我写过一篇主题是"教育要尊重人"的文章，题目是《第二十三名的"23号"对了》。这篇评论的材料来自女作家刘继荣的一篇文章《我想成为坐在路边鼓掌的人》，文中说到她的女儿成绩中等，经常排名23名，被同学叫作23号。但在一道"你最喜欢班上的哪名同学"的考题中，除了作者女儿外，班上其余同学写的都是女儿的名字。而女儿却说："我不想成为英雄，我想成为坐在路边鼓掌的人。"

于是，我写了评论给"路边鼓掌的人"鼓掌，其中批评了应试教育不尊重人，我们来看一个片段：

在学校里，教育早已异化成"应试"与"分数"。比如高中要读三年，其最本质的任务是什么？是完成"立人"的重要环节，是学到该学的知识与学识。但我们通过大量的补习补课，把高中三年变成了高中四年；同时又是把高中三年压缩成两年，因为三年课程在两年里统统教完了，然后将高三那年全变成了"复习迎考"，没有学到任何新的东西；而最可怕也最可笑的是，最终将高中三年变成了高考三天——三年高中最终等于三天高考，你说如此这般的中国教育，荒谬不荒谬？！

其实，一个人一生的成就，并不取决于考试的分数，"第23名"对于未来不意味着什么东西。同样，也不取决于文凭和所谓的"名校"。当你读初中的时候，没有人关心你幼儿班是哪里读的;当你读高中的时候,没有人关心你小学是哪里读的;当你读大学的时候,没有人关心你初中是哪里读的;当你读硕士的时候,没有人关心你高中是哪里读的;当你读博士的时候,没有人关心你大学是哪里读的;当你最终成为真正的"英雄"的时候,确实就是"英雄不问出处"。这就是人世间最公平也是最无情的扬弃。

很凑巧,这个恰好是2012年浙江省高考语文作文题,我提前写了,当时影响也比较大,特别是在学生和家长群体中引发了共鸣和反响。这不是因为我猜中了高考作文题目,而是因为我为考生说话,让他们感觉到我是帮他们说出了心中要说而没说的话。这就是尊重人心人性。

总的来说,要想让评论引发读者共鸣,同理心是不可或缺的,有共情才能有共鸣。当然,"共情"不是简单的"同情",两者一字之差,其实有着天壤之别;使用共情同理的语言,也不是要你煽情,而是恰到好处地表达情怀和情感。

三、评论语言如何表达家国情怀

评论者要拥有家国情怀。就像北宋哲学家张载的"横渠四句"所说的:"为天地立心,为生民立命,为往圣继绝学,为万世开太平。"从"国"的角度看,评论是"位卑未敢忘忧国";从"家"的角度看,评论是"位卑未敢忘忧民"。评论者拥有了忧国忧民的品质，那么，字里行间才有可能洋溢着情怀。

评论语言如何表达家国情怀，我同样有两种方法分享给大家。

（一）评论写作者要丰富家国情怀的"内存储备"

作为评论写作者，都要努力丰富自己的家国情怀的"内存储备"。如果没有这样的内存、没有这样的储备，就不可能有家国情怀的表达。

评论员要丰富家国情怀的"内存储备"，最重要的是把国家和人民装在自己的心中，做真正的爱国者。因为真正的家国情怀，前提是把世界装在心中，也就是"胸怀祖国、放眼世界"，就是著名社会学家费孝通所说的："各美其美，美人之美，美美与共，天下大同。"

（二）把"位卑未敢忘忧民"放在更突出的位置

评论者不仅需要"位卑未敢忘忧国"，更需要"位卑未敢忘忧民"，要把老百姓装在心中，写有情怀的评论文本。

什么是把老百姓装在心中？在这次抗疫过程中，上海张文宏医生就是把老百姓放在心中。

例 5-31 2020 年 3 月 26 日，张文宏医生和在美留学生、华人华侨代表视频连线，现场答疑释惑。当天，中国驻美大使崔天凯先生，给张文宏医生手写了一封信。于是，我写了

一篇评论《情怀与情怀的共鸣》,其中讲道:

面对疫情的大考,崔大使褒扬的是"我们的医护人员、基层社区工作者、志愿者表现出来的家国情怀、仁爱之心和专业素养","医护人员、基层社区工作者、志愿者"都不是官员领导,而是平凡的人,所以信中紧接着引用了一句大家耳熟能详的歌词:"平凡的人们给我最多感动。"眼睛朝下还是眼睛朝上,有着霄壤之别……

这就是把老百姓放在心中。我们所讲的"位卑"是指我们普通评论者。

小结:

如何写出有共鸣感的文章?

第一,要发自内心地表达情感情怀。

第二,要用共情感动读者引发共鸣。

第三,要让评论语言更好地表达家国情怀,做到忧国忧民。

如何构建评论员的专业视角

叶檀（嘉宾）：知名财经评论家、作家，"叶檀财经"创始人，复旦大学历史系博士毕业，十数年来始终活跃在财经一线，为公众解读她眼里的中国经济转型之路以及未来的方向。耶鲁大学金融学教授陈志武称："叶檀对中国问题的观察非常细致到位，文笔通俗易懂，自然流畅。对正处于快速转型、变迁的中国社会来说，挑战当然很多。在这种时期，叶檀的多方位视角尤其珍贵。"

我从事财经评论已经将近 20 年的时间了，在业内叫"财经女侠，毒蛇善心"。我自从事这个行业开始，就进入财经评论的领域，基本上对于现在谁能够写出来财经评论，谁不能够写出来，怎样的财经评论是比较好的，还是有一定的发言权的。

这里我跟大家分享构建评论员专业视角的三个技巧。

一、能上能下

上能够拆解复杂的理论，下能够通俗地进行表达。

我们在构建专业壁垒的时候，是存在一些误区的，很多人认为只要看几本专业书，掉几个书袋子，不说人话，让别人听不懂，就建立了专业的壁垒，就有了专业的护城河，其实这种观点是错误的。

比如很多人在讲解股市时，就会一味地引用马科维茨的理论，这套理论在实际生活当中到底怎么运用？在中国市场是不是适合？根本就摸不到边。

学习理论的过程，其实是一个融合的过程，市场理论常常没有对错之分，它不是非黑即白的，关键就是看怎么应用，怎么跟实践相结合，形成自己的一套体系。

以中国的金融市场为例。在国内，真正影响市场的主要是三方面——上市公司的业绩、货币政策和信用体系，所以西方的酸柠檬市场的理论是可以运用到中国的股票市场的。如果造假公司数量超过30%，并且不接受惩罚，基本上市场的定价体系就是无效的，我们会看到忽高忽低，会看到庄家坐庄，这个跟100年前、200年前美国的市场很像。

现在有不少的宏观分析师或者是经济学家开始在公众号这些多元化的媒体渠道发表对于热点经济、政治事件的看法。分析师和经济学家的专业性通常来说是毋庸置疑的，不过我观察下来，绝大多数的经济学家只是借助于新媒体的传播渠道，沿用的是惯常的死气沉沉的表达方式，他们罗列了大量的经济数据，没有鲜活的案例，没有明确的观点，更加没有市场的实操办法。

这种文章虽然发在新媒体上，但其实是一种传统的表达方式，会给读者造成巨大的阅读障碍和门槛，同为业内人士也很难在第一时间内领会这篇文章到底在说什么，要表达什么。我把这种现象称为"专业的专业壁垒"。专业得过了劲，沉浸在本本主义、套套主义里边，这种壁垒根本要不得，会把自己砌在墙里面、会自己断绝了生机。美国道氏评论之所以能够脱颖而出，就是因为观点非常明确，案例很生动，实操性又很强，三者是兼而有之的。

（一）专业壁垒的正确打开方式

1. 要用最精练的语言和材料提供最核心的数据

我们应该把功课、把研究、把深入的分析放在文章里，但是不要把全部的东西都呈现给大众读者，要用最精练的语言和材料提供最核心的数据，把这篇文章说明白就足够了。

比如在评论《3000点是牛市的起点》这篇文章里，我们分析股市主要是根据股市的货币、基金的购买量、交易量和上市公司来做出的分析，观察的时间节点长达半年以上，而且一定是在自己的分析系统中形成的，绝对不能掉书袋。

2. 要减少逻辑的层次

我们建立一套逻辑可以从原点开始，逻辑的建立和推导都有一套严谨的、严密的体系，但是不必全部说出来。逻辑要严谨，说出来的东西要少。

比如分析进出口的贸易数据，我们必须假设阅读这篇文章的人，他会了解最基础的贸易增长的事实，而不是从1978年中国改革开放开始出口增长说起，如果这样子来说的话，根本没有办法完成这篇文章，而且这篇文章要表达的观点也是不明确的。

3. 要亮出观点和态度

数据多了、信息多了，但态度不明确，本身对于读者的意义也就不大。不敢于表达,表面上看起来是作风严谨,但是换一个角度看,就是对自己的论证分析缺乏信心。比如像苟晶事件,它的事实是相对清楚的,但是苟晶这个人又有一些说大话的嫌疑,我们不能因此被带到沟里去,认为一个学习普普通通的人,她去揭露自己被代替了,这样的维权是错误的。基本的观念和态度是建立在长期树立的人生观、价值观的基础上的,对于这一点绝对不能犹豫。

(二)搭建属于自己的独特知识体系和逻辑框架

条条大路通罗马,不同的财经评论员,过往的背景阅历是不同的,喜欢阅读的书也是不同的,构建财经知识框架的办法也各有千秋。比如我比较喜欢看经济类、历史类和科普类的书,相对来说是比较幸运的。为什么说我比较幸运?因为经济分析归根到底是一种社会现象,是社会科学里面的一支。社会学跟人打交道,在方法论上我可以基于历史视角、经济视角,从循环往复的经济周期的变化里,结合不同的时代特征,做针对性的处理,加入更加符合时代特征的历史变量。

比如中国的经济要完善,中国要进入一个经济发展的大周期,那么我们可以跟大航海时期相比,我们也可以跟年鉴学派当时提出的欧洲中世纪晚期那个阶段来相比。

多年的历史的分析、经济的研究,让我习惯站在历史和经济的角度来看问题、做判断。钱穆先生是历史学家,但是看他写的文字，比如《中国历代政治得失》里的政策解读、经济和社会现象的分析，那简直是精彩至极。

现代经济学理论多是西方创造的，我们主要是拿来主义，这个时候加入本土的调研就非常重要，不少人会错判中国的经济形势，甚至荒腔走板到分析出来的东西跟现象与实际情况南辕北辙。

比如有些人总觉得中国已经到了现代化的后期了，或者中国的股市就可以跟美国现在的股市相比，其实两者的发展阶段是截然不同的。如果拿美国现在的股市跟中国现在的股市相比，那么其实是鸡同鸭讲。道理很简单，因为这些人忘记了中国本土的历史基因和文化背景，几千年的历史，大量的积淀是无法撼动的。我们只有真正地了解了自己，了解了中国的历史，才可能借助西方经济学的分析工具来解读中国当下的经济。这种历史视角，再加上西方经济分析工具的研究范式，基本上就是我在做财经评论的时候，知识架构的搭建过程。

我们再举个例子，究竟怎样给当下的中国市场来定位呢？我们可以结合中国历史上的市场经济的失败史，也要加上欧洲大航海时代市场经济的发展史。为此我特意地去分析过白银时代的中国贸易，看过大航海时期的荷兰史、英国史，也看过像阿根廷、巴西这些陷入中等收入陷阱的国家的经济发展历程。像《维多利亚女王传》《凯恩斯传》《中国经济史》《黑天鹅》《货币经济学》和年鉴学派的新史学，这些东西我全都看过，加上我们现在的组织架构、财富分配模式、人口的密度和人均占有资源的方式，得出了自己的一套分析体系。

认为市场经济是非此即彼或非黑即白的观念会让我们走上歧途。中国现有人口人均占有的资源跟美国建国时代的资源，根本不是一个数量级的。即使是现在的美国有3亿多人，跟美国刚刚建国的时候也相差很远，现在的美国根本不可能重走建国时候的道路。

（三）推崇简洁之美

好的财经评论员要在复杂的理论、扎实的数据之下，写出小白也能够看懂的评论。

所谓评论员就是一个评、一个论，财经评论员就是再加上财经的专业知识和一点实操经验，"论"就是摆事实、讲证据，"评"就是讲道理、下判断。一般的财经评论员会犯的错误就是沉浸在自己的叙述中不能自拔，太过执迷于数据化，引用一堆无关痛痒的数据，这种操作容易让简单的事情复杂化，跟简约的形式、鲜活的文字是不相容的。

以我之见，财经评论员要运用最核心的数据，然后把重心放在"评"上，用简单的、通俗的"论"来达成精辟犀利的"评"，这种形式一定会是简约风。深度和长度跟复杂不是一回事，你一句话能讲清楚的道理，不要去啰里啰唆说上一大堆，堆砌辞藻掉书袋很难击中大多数人的内心世界。财经文章本来就是有门槛的，看的人并不多，你还要掉书袋，那就相当于在门槛上又砌了一堵高墙，会让小白读者避之唯恐不及。

小白读者读文字，需要身临其境的感受来帮助自己理解，因此文字要有场景感受和生活经验。很多人都觉得金融或投资是非常难的事情，其实我们生活中无时无刻不在跟投资打交道，比如你要不要买房？你要不要买保险？买什么样的保险？对于一般家庭来说，你要进行风险对冲，你应该买什么样的投资品种？当你进行场景设定之后，大部分人会感同身受。一个30岁男青年的家庭，年薪20万元，有一个孩子，他到底应该怎么做？这个就是非常具体的鲜活的场景，谁能够用生活语言来进行财经分析，谁就掌握了财经评论员的密钥。

到底是不是接地气、生不生活，其实评论员本身是说了不算的，读者说了才算。比一般的财经评论员有利的是，我跟我的"檀香"联系非常密切，通过文章、直播、见面这些多元化的交流，我跟我的"檀香"紧密地结合在一起，获得他们对我文章的感受。而且我还跟地方政府和公司有很密切的联系，这是一个随时互动、随时微调、目标最大化的过程。如果有些艰涩，我会尽快地进行调整；如果过于白话、过于浅显，白话的后面毫无内涵，那我也会进行调整。

二、能进能退

进能够融入市场变化，保持敏感；退能够抽离市场情绪，保持客观。

什么叫融入市场变化、保持敏感呢？市场这个词真的很大，但凡是我们熟悉的股票、债券、商品、房地产，都有自己的市场，影响力也都非常大。感受一个市场的温度，你不进行深度游，不扎入某一个市场深度分析，是感受不到温度的。在不同的市场里试水温，甚至自己进入这个市场游一游，才能感受到这些细微但是重要的变化。

道琼斯指数大家都知道，但是道氏刚做财经评论的时候，他是直接切入市场，自己就在市场里边游泳，所以做出来的文字是非常灵动的，大家也都很相信。

市场很大，不同市场之间有很强的相关性，不同市场的变化往往会带给人不同的反馈。比如这两年房地产价格非常敏感，有人说涨，有人说跌，但是不管是涨还是跌，前提必须要注意的，就是尊重市场规律和客观事实。

很多人说跌是因为他希望跌，而不是市场跌了，我们不要把自己的愿望和事实混为一谈，明明房价在上涨，但是非要说在下跌。还有房地产是分成不同的板块的，住宅和商业地产截然不同。2020年上半年，主要城市的住宅价格在上涨，但是写字楼商铺这些价格在下跌。我们必须分析原因是什么，而不是偷懒说房价在涨，一句话一笔带过。

这两年股市大涨,往往对应着人民币汇率的大涨,所以我们要有足够的敏感度,在股市大涨的时候,下意识地去检验人民币汇率的价格和银行之间拆息的利率,往往这些数据之间都有本质的关系。

还有一些趣味经济学指数,比如有人认为辽宁的经济复苏了,原因在哪里?是因为辽宁的消费,尤其是内衣内裤卖得非常好,这些数据跟辽宁的经济到底有关系吗?我们也要用数据、用事实来说话。

市场本身就是经济的一部分,是经济变化的结果,也是信息的及时反馈,我们要多维度地去了解市场不同数据之间的关系,通过不同的市场来看问题,才能够更加真实、全面地还原一个经济世界。

举例来说,像2020年上半年原油宝事件,当时我们第一时间做出了判断,是有人借助信息的不对称来割韭菜,割的就是这部分中小投资者的韭菜。后来的事实证明我们的第一判断没有错。我当时的判断逻辑很简单,是从结果来逆推的,因为它呈现的不是一个正常的市场变动,这样的市场变动背后往往有无形之手的操纵。这句话看起来很简单,但是如果没有长期的市场跟踪,如果没有长期的市场感受,根本不了解什么叫作正常的市场变动,那么也就无法做出判断。

感受市场、保持敏感的小窍门是比较简单的。

第一,每天要尽可能地抽出时间了解最新的市场变化,甚至自己在市场里摸爬滚打，和市场里的专业人士保持高频次的交流，我确实经常跟他们在一起。

第二，我们做判断，对于股市、商品、房地产这些重要的市场要养成一个习惯，如果判断出现失误了，就必须要及时复盘，看一看自己判断失误的原因到底在哪里，及时复盘是非常重要的。

没有人对市场的判断是永远正确的，但是如果长期错误、一直错误，正确率低于50%，比大猩猩随手掷飞镖的概率还不如的话，这就说明我们的分析一定出了问题，和市场脱节了。

我们再来说一说什么叫抽离市场情绪，保持客观。

人是情绪的动物，很容易被周边的氛围所左右，很容易被情绪牵着鼻子走，这是人类的天性。2015年上半年大牛市的时候，整个市场都是非常亢奋的。但是回过头来看，不少的财经评论员在当时是被市场情绪裹挟了，他们听到了太多的噪声，以为这就是本真的声音，已经分不清什么是真、什么是假。

市场情绪好的时候，我们要多从负面来看，给自己泼泼冷水；市场情绪差的时候，我们要多从乐观的信息来切入，让自己尽可能地保持中立，并且要学会基本的统计学的思维，不要被短期的概率牵着鼻子走。

无论市场是涨是跌，基本正确的分析体系是绝对不能变的。

第三,我们要在进退之间保持平衡。要保持平衡,手里就要有一根平衡的棍子,我们需要人为地建立一套机制来制衡自己,用一套指标约束自己的判断。

比如看股票,我们要看市盈率,不要看市梦率、市胆率,要知道亢奋的时候总会过去,理性终究会回归,周期总是会从高到低、从低到高。再比如我们来判断一家企业是不是安全,营收和现金流是核心,营收的增长决定了这家企业增长的前景空间有多大,现金流决定了这家企业是不是安全。我们去看应收账款、去看商誉,这些账面的财富意义不大,估值再高也没用,很容易让我们判断出错。一家企业的应收账款是很容易造假的,商誉也很容易被高估,只有现金不容易造假。坚持做一个理性的人,避免被情绪所左右。

三、能动能静

动能行万里路,静能读万卷书。

行走读书对于构建专业框架是非常重要的。这两年我走过很多地方,国内是不用说了,除了西藏之外,所有的省份都走过了,还走过欧洲、美洲这些地方。在走的时候我会有意识地跟当地政府、交易所、企业去联系,而且我到了一个城市,还会跨上共享单车去看看二级市场到底怎么样,房地产市场、中介机构到底是高还是低,在成都我就这么干过。

这样做是为了保持敏感性，是为了保证自己不被假数据牵着鼻子走。行万里路不是瞎走，每到一个地方要亲身感受一些东西，印证自己的判断到底是对还是错。

我很崇拜王阳明的知行合一，知是知识水平的精进，是思维逻辑的打磨；行是验证思维推导的过程，也是检验分析判断的结果。知和行不是单向度的，而是循环自洽的关系，我知了，然后必须要行，行了之后再矫正自己的思维框架，最终达到知行合一。

这种行走的前提是对于事实有自己的思考，通过细节来验证自己的判断，还原一个更真实的世界。

行万里路是需要小技巧的，我们就从楼市来说说这个小技巧。中国的楼市地位非常特殊，老百姓最关注、跟地方财政结合非常密切、对于经济非常重要。楼市有很多人在写，表面上看起来好像没门槛，随便一个人就一顿操作猛如虎，做出了非常惊悚的判断，但很多文章都是垃圾。

好的评论分析和差的评论分析，区别就在于摆脱新闻和数据里片面的视角。我们要通过数据加上实践的方式来相互印证做出判断，尤其要找到其他人不关注，但是非常管用的数据来进行分析。比如二级市场，同一个楼盘卖价高低的变化就是非常准确的。

举个例子，从 2019 年到 2020 年，我们对楼市的判断还是基本准确的，在 2019 年年底，我们就率先做出了"2020年楼市还是有机会的"这么一个判断。到了 2020 年年初，即使是受疫情影响，主要城市尤其是头部城市的火爆程度验证了我们的判断。

为什么我们当时做出这样的判断？

一方面，因为在宏观政策和宏观经济数据上，我们下了苦功夫；另一方面，从2019年年底到2020年疫情之前、在疫情可以走动之后，我们一直在上海、嘉兴这些城市看房子、看楼盘，不跟开发商联系，我们自己开着车就过去了，还联系了一些中介来打听到底是涨还是跌。2019年年底上海这些城市楼盘都在降价，降价之后的结果就是问的人少了，后来降得多，问的人也就多了，成交量也就随之上升。最后就是我们现在看到的情况，上海土地住宅都非常兴旺，前面就是市场供求关系的自然反应，后面疫情之后又加入了政策，尤其是货币政策的刺激。这些观察、这些对于市场的判断，从市面上、新闻里是不可能出来的。我们要从楼盘、要从中介的实地考察才能得到细微的感受。

说过行万里路之后，再来说说读万卷书。读万卷书也是有小技巧的，我大概平均每星期要读三本书，读书速度还是蛮快的。有人就问我了，说你读书速度为什么这么快？熟能生巧，书读得多了，我大脑里边处理信息的速度会不断地加快，这就是水到渠成的事情，尤其是相关的书读得多了之后，书里的重点会自然而然地跳出来。我现在读历史书或是经济类和投资类的书，基本上确实可以做到一目五行，这里边小技巧、小秘密还是有的。一般我是带着问题读书，带着想法读书，通过采摘式的读法，尽快得到自己想要的内容。如果内容本身很精彩，会多花点功夫，隔一段时间我还会再读一次，比如《枪炮、病菌与钢铁》《黑天鹅》就读了两遍。如果是一本很无聊很无趣的书，没有办法进行脑力激荡，也不能带来文字的快感，我翻一翻大概知道在说什么，就放下不读了。我在不知道读什么的时候就会读经典，读差书就是浪费时间，时间是最宝贵的资产，绝对不能浪费。

如何成为一名合格的评论员

秦朔（嘉宾）：《南风窗》原总编辑、原《第一财经日报》创刊总编辑。他从事传统媒体工作25年，从《南风窗》到《第一财经日报》，用敏锐的视角，记录下时代翻天覆地的变化。他写的《GDP先生的讲述》，以第一人称视角，将国内外对于GDP的研究和科学发展观融为一体，被选入《宏观经济学》研究生教材。

很多人说新闻是易碎品，但我认为每一件新闻作品都是有价值的，我一直在追求新闻专业主义，希望能提供更多的专业信息，帮助构建一个更理性、平衡、基于事实和逻辑讨论问题的环境。

无论是以前在杂志报纸工作，还是现在做公众号，我一直坚持的一件事，就是写评论。

过去30年来的评论写作历程，我发现要成为一名合格的评论员，需经历"读得懂""写得好""立得住"三个阶段。

一、读得懂

读得懂也就是要读懂并掌握一流评论的形式。

1986年，我进入复旦大学新闻系，在新闻系，新闻评论就是一门重要的功课。

新闻评论最简单的结构就是"新闻＋评论"，也就是先介绍新闻背景，然后对新闻进行评论，并不复杂。

我们新闻系当时的系主任徐震，是一位评论家、杂文家，他的一篇杂文风格的评论,题目是《不"含笑"而死》,就是运用"新闻＋评论"的结构。

在评论中,徐震老师开头交代新闻事实,说他在《羊城晚报》副刊读到一则书信,有一位年近花甲的知识分子,一生坎坷,临终前,想评个"高级工程师"的职称,但因为一票之差落选。单位负责人不忍心他遗憾而去,于是作假弄来一张表格,宣布他已经升为"高工"。这位知识分子笑着在表格上签完字后,就逝世了。

交代完新闻事实,他就开始评论这件事,文中是这样表达观点的:

知识分子就是看重人们对他们真才实学的评估。职称、学衔正是知识的标尺,所以从知识分子这一面说,一名之争,涉及荣辱,是非争不可的。

但评论高手,并不会停留在这样的一事一议,他接着讲了第二个评职称的事例:

一位年近花甲的知识分子,只是个讲师,想升副教授,那时候他已经到了肝癌晚期,评审小组内定名单时,校方的一位"把手"说:"人都要死了,评上副教授有什么意义?"

然后,开始了第二层的评论:

有些知识分子也确实太看重这职称,而有些单位的领导也不太厚道,他们哪里谈得上与知识分子"肝胆相照"呢!

这篇评论是典型的"新闻+评论"结构,但比一事一议多了一层,是递进式写法。

虽然"新闻+评论"的结构很简单,但简单并不代表容易。写评论,无论是选题的选择还是评论的角度,都是有讲究的。

那么,什么样的评论才算是一流的境界呢?我看了不少大家手笔,总结出一流评论的五种形式。

(一)大事件+一针见血的观点+强烈的文采

这很考验评论员的功力。无论是选题、论点,还是语言,每个环节都要仔细着墨。

选题得是社会重大事件,关乎公众和社会利益,论点要快、狠、准地戳中问题,语言表达要文采鲜明,让人读起来欲罢不能,酣畅淋漓。

梁启超的一篇评论,题目是《袁政府伪造民意密电书后》,就属于这种评论方式。

袁世凯企图称帝,接着又败亡。这本来就是一个大事件,关系到国家兴衰,政治体制存续,跟每个人的生活都息息相关。介绍完这件大事,梁启超一针见血地提出自己的观点,他是这样写的:

我四万万人之人格，至今日已被袁世凯践踏而无复余，袁氏自身，原不知人之所以异于禽兽者何在，以为一切人类通性，惟见白刃则战栗，见黄金则膜拜，吾挟二物以临天下，夫何其不得者。

评论点破了袁世凯用黄金引诱人，用屠刀胁迫人，让国人变成奴隶的本质。文采翩翩，力透纸背，发人深省。这篇评论的影响很广。

（二）易于传播的鲜明观点＋要素梳理＋分层阐述

这种形式强调两个方面：论点要鲜明，而且还要易于传播；论证要素要分层次论述，一环扣一环。

我们来看《大公报》创刊时，总编辑张季鸾在带有发刊词性质的《本社同人之志趣》社评中提出了"四不主义"，就是观点鲜明、层次丰富的典型案例。

社论先提出《大公报》的"四不"，分别是"不党、不卖、不私、不盲"，四个"不"字，旗帜鲜明地确定了《大公报》的办报理念，短小精悍的表述，让人印象深刻。

接着，文章依次阐述了"不党、不卖、不私、不盲"的含义，层层递进。

"不党"，是指政治立场，不参与任何政治党派，只为公民发声；"不卖"，就是不接受任何党派的资金援助，不以言论做交易；"不私"，是指报纸是公众的喉舌，不作私用；"不盲",就是不盲从、不盲信、不盲动、不盲争。

对于新闻评论来说,论点、论据、论证一个都不能少,但灵魂是观点。观点是否鲜明?观点是否独特?观点是否能够给人留下深刻印象?观点能不能提炼成一个概念?这都是需要积累和磨炼的。

《新周刊》就特别擅长提炼观点和概念,比如"飘一代""80后""她世纪""第四城""知道分子"等,都是它提炼出来的。

那我们要如何形成自己的观点呢?

观点不是从天上掉下来的,而是基于事实、有了深切感受后提炼出来的,或者是在别人的观点基础上延伸而形成的。

比如在美国明尼苏达州,46岁的非洲裔男子弗洛伊德被白人警察用膝盖压在脖子上8分46秒致死。我就这事写了一篇评论,题目是《肤色的权利:弗洛伊德事件面面观》,里面的观点基本都是用的延伸法,也就是在现有一些说法的基础上,对观点进行深化、对照、差异化,等等。

比如文中提到了一个观点,是"人与自然的失衡造就了新冠肺炎疫情,人与人的冲突造就了弗洛伊德事件",这个观点,就是把人与自然的关系、人与人的关系,进行了结构性的区分。

还有一句是:"这是美国梦被美国噩梦缠绕的一年",这个观点,就是采用了对照的方法,以美国噩梦对照美国梦。

再比如文中还提道:"弗洛伊德事件不仅是关于种族、肤色的故事,也是关于社会分化、治理失灵、司法正义缺乏、结构性矛盾加深的故事。""弗洛伊德事件发生在美国,但弗洛伊德问题,值得更多国家和地区借鉴自照"。这些观点,就是通过对弗洛伊德事件进行延伸而得来的。

但是,评论中光有一个观点和概念是不够的,它还需要多个要素的支撑,也就是需要更多支点来"构成"观点、从多个角度来论证观点,使它条理化、模块化、层次化。所以说,要素分析是深度评论的基础。

2017年我应《深圳商报》之邀写了一篇文章,题目是《深圳何以能"量产"伟大企业家?》。

我在文中提出:

从制度看,深圳是中国制度性交易成本最低的地方;从社会和文化看,深圳是移民文化最浓郁的地方,是人口结构较年轻的地方;从自然条件看,深圳是改革开放之初,中国离世界最近、得风气之先、贸易条件便利、最容易融入全球市场的地方;从技术看,过去几十年全球经济的驱动力转向信息革命、知识经济,哪个地方对旧经济旧产业的路径依赖越轻,越容易走向未来。

从制度资本、社会和文化资本、自然资本和技术资本四个要素来分析深圳量产伟大企业的问题,就是使用的要素分析方法。同样,我们在使用要素分析的时候,也可以思考,要论证清楚一个观点,需要从哪几个维度展开分析,才会更加有说服力。

(三)跨时空比较 + 结构性总结 + 对现实的启示

这种评论需要我们把新闻事件放在横向对照、纵向比较的大时空中重新审视,从更大的视域来分析和总结。

《纽约时报》专栏作家纪思道的作品,《从开封到纽约——辉煌如过眼云烟》,运用的就是这种形式。

在文中,他先提出了自己的观点:

> 美国现在似乎把对全球的控制,当作自己的一种权利,但我们回望历史长河,就会发现任何强权的存在都是极其短暂的。

为了论证这个观点,他开始跨时空比较,列举了历史长河中,一连串重要城市的没落过程。像公元前 2000 年的伊拉克的乌尔应,公元前 1500 年的埃及的底比斯等,这些城市在当时都是世界上最重要的城市,但是现在都不是。在历史的长河中,就算再璀璨的光芒,最后也可能落地为尘埃。

所以,有着相似经历的中国开封,对纽约很有借鉴意义。

然后他结合开封的历史进程,得出了一个结构性的总结,认为纽约必须向开封学两堂课：

第一堂课是意识到保证科学技术优势和健全的经济制度的重要性。

因为历史上中国成为世界上最强盛的国家，依靠的正是先进的文明、领先于时代的贸易政策以及一系列技术革新，例如发明了铁制的犁，发明了印刷术以及纸币。但中国的封建社会发展到一定阶段后，开始轻视贸易和商业，在那之后的600余年时间里，经济停滞，人们的平均收入再没有提高过。

第二堂课是要注意自满的危险。因为那时，中国开始习惯于自己是世界的中心，并认为无须向其他国家学习——这也是衰落的开始。

最后，纪思道总结了一项启示：

他说开封刺激着我们要努力提高高科技水平、加强教育及制定有利于发展的政策。因为如果我们满足现状，即使辉煌伟大如纽约，也有可能像开封那样终结在哈德逊河岸。

掌握这种"跨时空比较+结构性总结+对现实的启示"的结构，要学会在脑中搭建某个话题的知识图谱，这样在看到一个话题时，就能快速勾连起来。

比如我在《北京是天下 上海是世界 深圳是未来》一文中,搭建的一个基本比较结构是:

在中国,北京最是一个探求"天下之理"、把握万事万物规律和趋势的地方。

而上海,它中西荟萃,包罗万象,遵守规则,讲求品味,同时也有一种因万方舶来而居于中国其他地方之上的优越感。

而深圳,这个面积不到北京的1/8、上海的1/3的经济特区,是最具当代气质和改革开放风华的地方。

在这个基本结构的基础上,我从历史维度、文化空间维度,探讨了三座城市的性格。无论是时间、空间还是跨时空的比较,背后所需要的都是扎实的知识。

这里给大家提供一个积累的小技巧,就是媒体人要"多行万里路",处处留心皆学问,这样很容易通过比较发现新的视角。

比如1998年我曾经写过一篇评论,题目是《中国的"内地"在哪里?》,评论的观点,是来自我和几位大学同学的聊天。

那次我到深圳采访,朋友问我现况如何,听我介绍后,朋友感慨道:"你怎么这么满足现状,不求进取?!"他们给我"洗脑"说:"你看看你,住两室一厅、老婆有工作、生了女儿、办办杂志、月入不到两千,就觉得挺好的了。说来说去都是自满自足，似乎一辈子这样过也挺满足的。你就从来没想过要换个活法，活得轰轰烈烈有滋有味有产有业？！这种样子，跟内地有什么区别？"

从这些话中，我发现了和朋友的真正区别：我总是考虑自己已经有了什么，而他们总在考虑还没有什么。我觉得人生能找到一个喜欢的行当干下去就心满意足了，而他们认为人应该永远在路上、在选择和追求中，哪怕不知道前面究竟是顺是逆，也敢于先告别过去打碎旧我。

当时我生活在广州，我的同学们生活在深圳，不同的生活环境，也塑造了我们在人生定位上的差异。这种差异让我联想到了沿海和内地的区别，于是我在评论中说：

和深圳相比，广州也是中国的"内地"。沿海地区倘若小富即安，自大不前或耽于既得利益而不再改革创新，与传统意义上的"内地思维"有何区别呢？等等。

这就是处处留心身边事，发现的新视角。

（四）代入感 + 贴近性 + 个性化的观点表达

"代入感"是指借助几个典型性的事件快速让读者进入评论的语境和话题之中。

比如《世界是平的》一书作者托马斯·弗里德曼，在探讨全球化是否结束这个话题时，用了下面这个非常亲近的例

子,将读者快速代入全球化场景中:

2004年,我写了一本有关全球互联性日益增强的书,书名叫《世界是平的》。刚开始写那本书的时候,"脸书"才刚刚推出,"推特"还只是鸟儿的叫声,但是到现在,脸书、推特、领英这些互联的沟通工具,真正连接了世界。

通过具有代入感和贴近性的案例,托马斯在结尾提出了个性化的观点:大家一定不要随意宣告全球化终结。

这就是"代入感+贴近性+个性化的观点表达"的结构。运用这种结构的关键,其实就是要用贴近读者的场景,将他们迅速代入你的评论语境中。

(五)直抒胸臆+在重大事件中为民立言+普遍性的价值观

前四种形式所包含的知识含量往往是比较多的,有些有明显的专栏化痕迹。而新闻评论面向大众,更多时候需要迅速响应公众需要,这就要求我们要直奔主题、直抒胸臆,不掉书袋子了。

比如《新京报》在2005年湖南卫视"超女"决赛后,发表评论,题目是《一个开放的社会必将前途无量》。

一开篇,文章就直抒胸臆,并且表明了自己的立场,它的开头是这样写的:

超女既出，万人空巷。2005年，没有比"超级女声"更能吸引中国来自各个阶层的亿万观众。"我的快乐我做主"成为这一时刻的经典坐标。昨夜，这一场漫长的"快乐总动员"终于落下帷幕。李宇春获得了年度三强总决选冠军，周笔畅、张靓颖分获亚军和季军。应该说，胜出的不只是其中某位超级女声，还有我们正在形成的开放社会。

最后一句就是核心论点。

在接下来的论述中，这篇评论就超级女声事件，表达了自己的价值观，它这样写道：

只有每个人以己之喉舌，唱出心底的歌声，才能真正唱出国民之声；超级女声之所以能带来万人空巷的盛况，正是因为它为观众提供了这样一个相对透明与公平的平台，见证一个平常人家的女孩，从名不见经传到一夜间造就无数歌迷。未来中国的强大，就在于在那里充满了富有个性的、强大的女声与男声。他们在透明而开放的社会中寻找属于自己的机会，并因此获得更多的来自社会与人生的奖赏。

这篇评论，直抒胸臆地表达了自己的观点，肯定了"超女""给普通人以机会"的价值观。

和人心相连的文章，往往有强烈的震撼力。

总之，评论要想评得好，在事实和事件的基础上，还必须要有学养，要有洞察力和见地，要有情感的力量，要有对社会的责任感，要有人道主义气质。

从这个意义上，评论又很不容易，所以要成为一名合格的评论员，第一个阶段要能读懂一流评论背后的底层规律，并且坚持积累，始终保持年轻的心。

二、写得好

1990年大学毕业后，我进入《南风窗》工作，1997年前后开始写专栏"窗下人语"，算是比较自觉地进行评论创作。从那之后，我也逐渐进入了评论员的第二个阶段，努力写好手头的每一篇评论。

我在《南风窗》主要是写政经领域的评论。我认为，社会的很多问题都是政经问题，而政经背后是体制和观念的问题。在《南风窗》写政经评论的过程中，我也总结了六个写好政经评论的技巧。

（一）不满足于就事论事，而要有所挖掘、提炼和深化

在下笔之前，我们要有意识地寻找"观点""意义"等，久而久之就形成了"观点入文"的习惯。

比如1999年我写了一篇评论，题目是《李嘉诚与董建华的加减法》，就在新闻事实的基础上，挖掘了四个不同层面的观点。

这个评论的背景是,在亚洲金融危机后,香港商界领袖李嘉诚针对民主党对他的多次抨击,指责香港政治环境不和谐,营商环境不好,决定取消原来已经确立的,与外资合作的 100 亿港元投资计划,舆论认为李嘉诚有"威吓政府"之嫌。

这个事件看起来简单,评不出多少东西,但我写了多个层次的分析:

首先,从大局上进行分析,认为董建华以社会大局为己任,迎难而上,当"加";李嘉诚以个人利益为本位,知难而退,当"减"。这是我一开始的想法。

其次,从企业家层面进行分析,认为作为企业家的李嘉诚当然要以企业为家。他造福香港社会的方法就是把企业做好,而要把企业搞好,又必须按经济规律办事。如果李嘉诚是按政治路线走,100 亿元"拍脑袋"拍掉了,他还是真正的企业家吗?这样去想,我心目中打给李嘉诚的减号自然就消失了。

接着又从对官员要求层面进行了分析,认为以正确的心态看待官员,应该对他们高标准严要求。董建华的所言所行,也是一个国际大都市首席长官应尽的本分,是不需要加分的。

最后又落脚到香港的未来,认为有董建华的官员本色,有李嘉诚的商人本色,各司其职,和而不同,精诚努力,则香港"逆境不再"的那一天,或许并不遥远。到那时,我们再来考虑,要不要给他们一起加分。

这篇评论在结构上有几次转折，提出了让人意外又言之成理的观点。

（二）要养成在多个领域积累素材和知识的习惯

新闻评论是快速写就的，但里面的一些内容实际上来自平时的积累。临时抱佛脚是不行的。

我在《南风窗》做编辑时，为了组稿，经常给作者打下手，为很多新华社记者整理他们对话的录音，像《东西南北话广东》《珠江三角洲启示录》《广州，一座不设防的城市》《浦东与广东的对话》等。这些工作使我提高了自己的思想站位，有了更高的视野。

比如1991年整理《东西南北话广东》，是新华社几位不同分社记者的对话录。

当时广东的用工体制已经很灵活，但有些地方还不行，因为那里的机会很少。比如辽宁分社的记者说："你要解雇我，我也是企业的主人，我可以到处告，甚至告到中央，为什么开除主人？不仅上告，他还可以不择手段。比如跟厂长说，'厂长，你敢开除我，我砸你们家玻璃去……我上你家，天天上你家吃饭'。"

山西分社的记者说："铁饭碗打不破，还有一个外部环境问题。在广东，我不在一个地方干了，周围的弟兄们会觉得我是'好鸟择枝而栖'，是另谋高就。在山西企业，要是一个职工给解雇了，那简直像犯罪。太原有个工人给解雇了，他去找厂长，二话不说，拿把刀子往自己身上一划，'厂长你看着办吧'，他一回家，老婆跟他玩命，孩子跟他玩命，丈母娘跟他玩命：你怎么让工厂解雇了？这压力他怎么受得了？"

这些鲜活的对话，使我对不同地方的文化有了了解。所以我后来很关注社会文化作为一种经济资本的情况，在多篇文章中都提出了这一问题。

（三）以其他媒体为师

我很喜欢看报纸评论，从中学习，比如《人民日报》《经济日报》《中国青年报》《羊城晚报》等。

"天下文章一大抄"，其实不是为了抄，而是揣摩借鉴别人写评论的思路、角度，以及论点和论据是如何匹配的。

看到一篇好评论后，可以尝试拆解它的论点、论据、论证过程等，提炼优秀评论员的写作方式。看多了，自然耳濡目染，在潜移默化中培养出自己写评论的语感。我当年从范敬宜、艾丰、詹国枢等人的评论中就获益匪浅。

（四）多练多写

这是最重要的门道。其中，如何提炼和展开观点是最重要的技巧。

评论是写出来的，不是学出来的。只有多写、多体会，才能悟出门道。

我在《南风窗》时写了很多编者按、编后，也为当时《南风窗》办的很多社会活动写文案,等等。我在这个过程中锻炼了提炼观点的能力。这些基础性的工作,为我后来自己从事评论写作打下了基础。

新闻评论要写好,在写法上也要创新。比如我2003年所写的《GDP先生的讲述》,创新在于文章是用第一人称写的。开头是这样的:在全世界,人们都叫我GDP,我的英文全名是Gross Domestic Products,中文名叫国内生产总值。

这篇文章用第一人称的方法,将国内外对于GDP研究的成果和科学发展观融为一体,后来被中国人民大学李晓西教授选入了《宏观经济学》研究生教材。

2004年,我开启了职业生涯的第二站,到上海参与创办《第一财经日报》,担任总编辑,从发刊词、社论、周年寄语,到在头版开设专栏《一财日日谈》,我写了大几百篇评论,而且审阅每天的社论和重要言论,持续了11年。

比起在《南风窗》写的评论,我在《第一财经日报》的评论更集中在财经领域的事件、问题和新闻。

例如2015年5月26日、27日、28日,我在《第一财经日报》头版连续发表了三篇关于股市还能牛多久的评论,通过与当年日本、中国台湾、美国纳斯达克市场泡沫的比较,提示A股当时的泡沫化已经相当严重。

6月3日,我发表了第四篇评论《给牛市降点温利大于弊》,从"卖方"的想法和做法出发,再次提醒个人投资者,不要再不顾一切地去追涨了。当时我注意到,某大型民间投资机构合伙人 5 月中旬在公开演讲中说:"当前最主要的赚钱模式不是去买股票追几个涨停板,而是要充分利用泡沫卖股票,不是做买方而是做卖方"。他还说,"那些没有上市、没有挂牌的企业要快速证券化,原来融资只能 10 倍市盈率,泡沫时代可以卖到 30 倍、50 倍甚至 100 倍市盈率"。

我通过这个演讲发现,卖方割韭菜已经到了疯狂的地步,而散户还在冲。所以我写道:

> 再次提醒个人投资者,你不顾一切去追涨的冲动该歇歇了。
> 现在开始给自己降点温,利大于弊。再集体高烧下去,会离末路越来越近。

这篇评论发布不久,牛市就见顶下跌。

在《第一财经日报》的财经评论经历,也让我的评论写作方法论进一步成熟,有几点体会,分享给大家。

首先,财经评论是杂学,包罗万象,所以要写好财经评论,需要经常学习。我当时订阅了 20 多份日报和几十种杂志,每天都广泛浏览,所以脑子里不缺选题。

其次,财经评论又是专业之学,所以一定要理性,不能以其昏昏使人昭昭。要从热点切入,但要有专业的理解。

专业理解怎么来呢?我觉得可以有两条途径。

第一是学会找专家,多看权威性学者或专家型官员的文章,而不是盯着某些常有惊人之语的所谓名人,这样才能建立专业判断力。

第二是自己抽空学习专业知识,比如说申请财经类研究生、选修高校的财经类课程等。

我学新闻出身,后来在职攻读了公共管理硕士、企业管理博士、金融 EMBA、金融方向的工商管理博士,在政经、财经、产经三个领域都有一定的专业修养。

正是这些专业知识的学习,让我养成了写文章之前做文献搜索的习惯,总是希望站在这个领域最前沿、最权威的学者的肩膀上,结合媒体人的节奏和文风,雅俗共赏。

所以我的评论有比较浓厚的研究性色彩。

比如美国次贷危机爆发、各国纷纷放水后,我写了篇《勿忘熊彼特式增长》的社论,运用了熊彼特式增长理论来分析,我在评论中提出:

在金融危机和经济调整中,政府在扩大需求方面的作用无疑是重要的。但是,我们也要明白,除了"凯恩斯式增长",还需要"熊彼特式增长",也就是发挥企业家的精神和企业的创新作用。

历史证明,要走出经济的低迷,真正重要而且长期有效的途径,还是要靠从供给、供应的角度,创造出能够激发消费者需求的优质产品与服务,增强对市场的吸引力。这不仅可以激活当下的市场,也能促使企业从微观上建立更加依靠创新的机制与导向。

在列举了美国、日本、中国的企业家作用之后,我在文章结尾提出:

"经济的复苏,取决于企业家的复活",而企业家的复活,既取决于外部环境的优化,更取决于内在驱动力的发扬和不断的自我超越。

这就是用"熊彼特式增长"这一专业理论,来分析热点事件。还有一篇关于次贷危机的社论。

当时美国金融界部分高层人士有一个逻辑,认为"美国泡沫之所以破灭,是东亚先帮美国吹大了泡沫"。为此我写了社论,题目是《美国危机的必然与中国财经界的使命》,在社论中,我写道:

从十年前长期资本管理公司的近乎崩溃到十年后的大海啸,从安然、世通丑闻到麦道夫骗局,华尔街之所以一次次重复错误,其根源是股东资本主义和金融资本主义的内在缺陷。在这两种不受节制的资本主义的汇合处,金融危机大爆发是必然的。这才是一枚硬币的两面。

在写这篇社论的过程中,我阅读了大量关于股东资本主义和金融资本主义、虚拟资本主义的论文和图书,才使得文章有明确的观点和扎实的依据。

(五)写好财经评论,要多问自己几个为什么

一篇好的财经评论,能够让你透过一个经济话题、现象看到更深刻的东西。我在写作中,就经常会问自己三个问题:我是不是真的了解中国经济?我的文章能不能让人看到中国经济的全貌?能不能明白中国经济的道理?这三个问题看起来宏大,却值得反复思考。

这三个问题,除了向专业人士和知识请教答案,还可以通过调研解答。很多有见地的评论是跑出来的,调研出来的。

比如最近我在湖州调研,特意去走访了一些政商合作的项目。从中我对政商合作也有了一些新感受,比如:

> 在地方与地方的竞争中,在越来越高的发展要求下,纯粹靠单个企业自发创业已经不够。需要整合各种资源,创造各种配套条件,向全新的产业形态发起冲击。
>
> 这也对政府的行为一致性提出了更高要求。政府要诚信践诺,要"一张蓝图绘到底"。如果换个领导就换思路,今天这样明天那样,绝不可能成功。

如果不去采访调研,我不可能有这样的评论。所以,当你想要深入评论某件事时,除了收集相应领域的资料,不妨也试着跑出去,多做调研。

（六）评论需要情怀和理想

在担任《第一财经日报》总编辑时，事务繁忙，但我坚持笔耕不辍，11年间没有停止过评论写作。社论和《一财日谈》的专栏都是不署名的，很多人并不知道我写了如此之多的评论，但这就是自己的情怀和习惯。所以，适当保留一些情怀和理想，它可以帮你在评论写作的路上走得更远。

2015年10月16日，微信公众号秦朔朋友圈上线，我开启了新的创作历程。

那年我47岁，算是一位"创业老兵"，我希望用十几年的时间，完成在商业文明和企业家精神领域的体系化构建。

我们已经逐渐进入了所谓"后真相"的时代，在这个时代，人们不再根据事实做出判断，而是选择他们想要的、倾向于让它发生的事情作为事实；在塑造公共舆论时，客观事实具备的影响力，远远不如诉诸情绪。

一批批自媒体人，通过诉诸情绪，写出了一篇又一篇阅读量10万+的文章。但对我而言，因为是在一个相对成熟的年龄进入自媒体的，我清楚地知道自己应该去往何处。

所以，在最初创立自媒体的时候，我就有明确的目的。我想把我所感知到的时代温度好好记录，哪怕只是个人视角。所以，秦朔朋友圈一开始就有很清楚的宗旨：记录中国时刻，推动商业文明。

不仅初心是清楚的，价值观和基本的分析问题的方式也是清楚的。就是恪守中道。这是我在2012年一篇文章中所写的，总结了我的基本价值立场：

中国现代性的塑造和中国的现代化道路，既是与世界现代化、现代性演进相联系的过程，也是从自身的精神资源中展开的"内源性生长"和"主体性建构"。

无论现代性还是主体性，都以人的解放、发展、能力的全面提高为依归，都依靠物质世界和精神世界的勇敢实践来真实地呈现。

同时，我也确定了秦朔朋友圈评论的基本立场：第一，中国立场，不是西方立场，但不是反西方立场；第二，全球化立场，全球化视野，汲取一切先进文化和先进文明；第三，民间立场，不是官方立场，但不是批判官方的立场；第四，建设性立场，包括建设性批判；第五，2C&2B 相结合的立场，影响大众与影响意见领袖相结合的立场。

简单总结起来，就是我希望我的评论文章，能有宏大的视野、有理性的视角、更有对国家民族的责任感。

三、立得住

这30年的评论创作，我经历了《南风窗》的锋芒毕露，《第一财经日报》的专业主义，以及秦朔朋友圈的恪守中道，而公共关怀是贯穿始终的。

我想，我也是在这时候，潜移默化地进入了评论员的第三个阶段：立得住，也就是会在评论的技法之上，坚持着自己一以贯之的价值观模型，并且把这一价值观，立到自己的评论，甚至是事业当中，也让这些文章经得起历史的检验。

创业 5 年来，我就是在我的价值观体系下，按照大致每周 1 万多字、两篇左右的节奏坚持到今天，写出了不少阅读量 10 万+ 的文章。

我也总结了这一阶段，贯穿在评论写作中的一些方法和价值观，分享给大家。

（一）坚持专业型、调研型的媒体风格，用学术支撑思想性

所谓的媒体风格就是新闻的风格，强调权威性、趣味性等；而专业型、调研型，就是要求用专业的态度和方法提供观点，提供实证案例，提供新鲜的知识。

比如我写了一篇分析美团商业模式及未来发展趋势的评论，题目是《美团十年，不可替代的生活服务业务新基建》，在文中，我认为：

> 创立十年后，美团即将迈向新历程，它的核心是商家、骑手、用户等利益相关方一起，从利益共同体到命运共同体，构建生活服务业数字化生态圈。

论点中的"利益相关方"的概念,就是源自学者彭罗斯、明尼苏达大学的弗里曼等人的学术研究。

为了论证这个观点,我还调研了美国商业圆桌会议的签署文件、中国信通院发布的发展报告中的资料,并引用在文中,用来证明"与多元主体一同共建生活服务业数字化生态圈,是美团下一个十年的必然趋势"。

不过要注意的是,用学术支撑评论,并不是把简单的事情说复杂,而是在行文的时候,要更加持之有据、言之成理。

其实,财经话题,比如股市、房市大家都很关心,但学者的分析有时理论性太强。为了雅俗共赏,也为了探索多元化的写法,我有几篇文章采取过虚拟情境的写作方式。也就是虚拟一个场景,把一段时间内多种观点荟萃其中进行表达。

比如我写过一篇评论,题目是《房价难题何解?请看诺奖得主中国学生的演讲会》,文章就虚构了一场"价格之辩:中国房地产的伪命题与真课题"的论坛,但所有引述的各派观点都有出处。这种写法的好处是制造了冲突性,同时可以在辩论中层层递进,越辩越明。

而且这篇文章的结尾不像一般评论有明确结论,而是开放式的。我在结尾是这样写的:

> D教授一席话说完,会场一片沉默。原来基本事实都没有完全搞清楚啊!看来,首先需要的不是辩论和演讲,而是组建一个100%客观诚实的调查组,把真实情况梳理清楚交

给上面！实事求是，事实才是基础。

中国房价，真是一个诺奖得主也解不开的超级谜团！

（二）坚持基本立场，坚持对国家民族的责任感

比如我在一篇题目为《中美关系，关关难过关关过》的评论中，探讨中美关系时，并没有一边倒地批评美国，而是从两国的出发点、制度、意识形态等方面，分析了中美关系的矛盾是完全无解，还是能够通过双边努力，打开新的建设性互动空间。

在文章最后，我也根据自己的分析，提出了一些建议，比如要"防止全球激进主义""要进一步推动国家治理体系和治理能力的现代化"等。

同样，我在《生于忧患，死于傲慢》这篇文章的结尾也提出：

> 如果中国和美国的未来是一场文明的竞赛，价值的竞赛，对全球更加负责、改善全球公共品供给的竞赛，这个星球将更加美好。

这个观点与众不同，但是言之成理。

在我看来，一个真正有国家民族责任感的评论人，是要用自己的眼睛去看世界，要有勇气用自己的理智去思考。

最后，我还想再给致力于评论写作的朋友几点建议。

第一，要言之有物。

评论是针对客观事实、新闻事件而展开的，是要有依托

的，不是自说自话。所以我们必须对新闻、对事实、对变化有高度的敏感和好奇心，而且长期坚持观察。

第二，要持之有据。

评论需要调动自己储备的、收集的论据去"格物"，加以比较、借鉴，这个"据"，是理据，是依据，是根据，也是需要长期积累的。

第三，要言之成理。

评论的框架、方法、立意，是要有一定的高度、力度、尺度、专业度的，这就需要多读书，特别是思想性、理论性强的书，增强自己分析问题的穿透力。

第四，要问心无愧。

评论是对客观事实的评价，也是一个人的内心世界的投射，是价值观、方法论、心地、态度等的综合反映。所以致力于评论写作，一定要忠于自己的内心，忠于内心中最可信赖的那个地方。我们可能无知，可能偏离，但写作时内心不能有杂质，不能掺杂私欲或明知道的偏见。问心无愧是对自己评论的最高评价。

多看，多想，多交流借鉴，多写，评论是一种人生的方式。